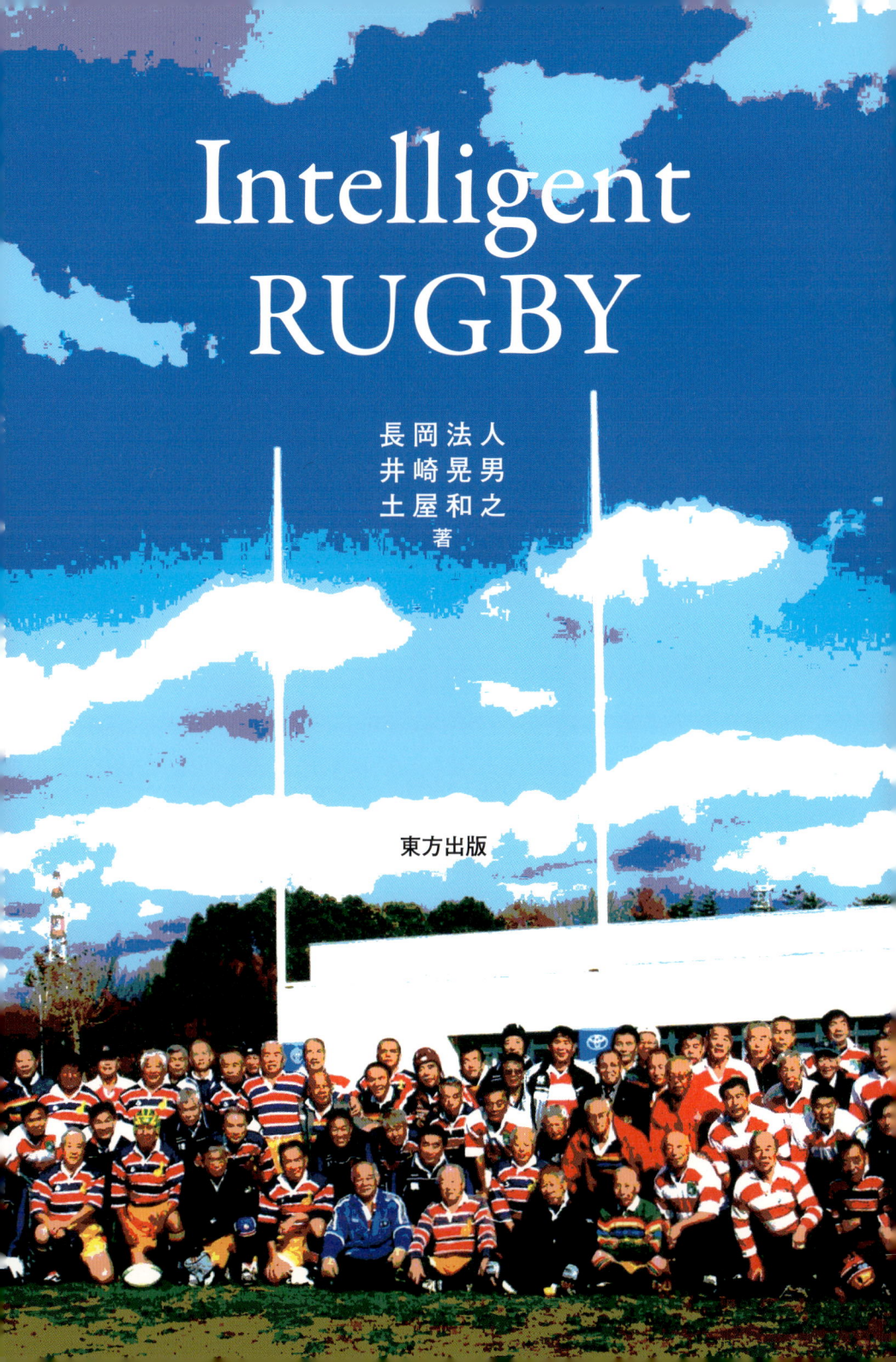

本書を惑惑クラブ元会長の
榎本勘二氏に捧げる

はじめに

　この本はOver40のシニアラガーが怪我のない安全なラグビーを楽しむことを目的として当初書きはじめた。しかし本書の内容はあらゆる年代のプレーヤーが安全なそして高度なラグビーを楽しむことにも役立つものとなった。ラグビーは本来とても楽しいスポーツであり、そこで培われた友情は生涯にわたり続くものである。安全なラグビーとは、端的に言うとコンタクトを可能な限り避けたボールゲームであるというのが筆者の主張である。バスケットでは相手を捕まえることはルール違反でできないがラグビーではタックルが許されている。しかし、ここで強調したいのはラグビーがコンタクトスポーツであるという（格闘技であるともいう）概念を消し去り、あくまでボールを中心とする遊び（スポーツ）であるということである。この概念は安全なラグビーを目指すときに避けることができない。これから本文に入っていくとバックスプレーを中心とした厳しいしのぎあいも述べられるが、あくまでボールゲームであるということを基本とした相手にも自分にも安全なラグビーを述べていることを理解していただきたい。もちろん遊びという言葉に含まれる楽しさは自己の才能、年齢の中で真摯な努力をして初めて味わえるものである。

　本書において、へその向きという表現がよく見られる。へその向きの延長線上に、ディフェンスはタックルポイントを感じる。ボールキャリアのへその向きがディフェンスの動きを左右するのである。へその向きを鋭い分析の元に変えてコンタクトを避け、また安全なモールなどに展開していくことを基本としたい。

　Over40のシニアラグビーの概略について簡単に説明したい。戦後間もない1948年まだ食糧難が続いている東京で40歳以上のラグビー愛好者が不惑ラグビークラブを立ち上げ、同じ年大阪でも惑惑ラグビークラブが創立された。両クラブは平成20年創立60周年を迎えた。時を経ず九州で迷惑クラブが結成され、この3チームで以降　毎年三惑大会が開催されている。ちなみにこの三惑大会の起源は今の日本選手権の前に続いた三地区対抗戦（関東・関西・

Intelligent RUGBY

2006年カナダエブタイトと惑惑クラブの集合写真（神戸製鋼グランドにて）

九州）の前座試合として芽生えたものである。惑の語源は孔子の論語にある"我四十にして惑わず"から採られている。これを見てカナダでも相次いでOver40のチームが結成された。その他のOver40のクラブチームとしては、東惑クラブ（愛知県）、思惑クラブ（愛媛県）、を始めとして多数のクラブチームが全国にあり積極的な活動をされている。各クラブチームの詳細は各都道府県ラグビー協会ホームページや惑惑クラブホームページ（リンクにて）を検索されたい。

平成19年春、九州博多に於いて迷惑クラブの主宰で行われた三惑大会の模様はNHKテレビで取り上げられ放映された。その内容は家庭生活を存分に支えた余暇に真摯にラグビーに取り組まれているOver70の方々が中心であった。この番組を見てラグビーを再開したい、またこれからはじめてみたいとも感じられた人が多かった。

日本での流れと同じくしてカナダやヨーロッパでも多くの惑チームが結成され活発な日本との交流が続けられている。特にカナダの各チームは日本の惑ラグビーを好意をもって評価してくださり、多くのクラブのお世話で惑惑クラブは過去7回のカナダ遠征を行うことができた。

特に1972年10月に行われた最初のカナダ遠征は単独チームとしては日本初であった。現在全国では70チーム以上

004

はじめに

の惑（40歳以上を示す）チームが活発な活動を続けている。約170年前に結成された英国 BLACKHEATH ラグビークラブや1886年に結成されたウエールズの ST.PETER'S R.F.C は大先輩であるがあらゆる年代を含むチームの中でのシニアであった。惑ラグビーに関しては日本が世界の草分けのひとつであり多くの外国のチームの参考にもなったのである。勝敗ではなく、真摯なプレーにお互い拍手と賞賛のエールを送り、そして家族ぐるみで友情を深めることが目的で、この場では言語の壁や体格の差の障害は少ないのである。

惑惑ラグビークラブには40歳から90歳までの約200名の活動部員がいる。また将来のクラブの中心となってもらうための35歳以上の準会員（練習参加が主でゲームには原則的には出場しない）が数名いる。この本はキャプテンの長岡（パンツの色が白：40歳代を表す）、医務を担当している土屋（赤：60歳代）、準会員の井崎（白：アンダー40）が練習中に気づいたり、ゲームのあとで話しあったことなどをまとめたものである。惑惑ラグビークラブは自由なまた多彩なラグビー観を持った人々の上下関係の無い集まりであり、本書で述べる内容はたまたまその中で3人が考えたり感じたりしたものであり、クラブとしての考えをあらわすものではない。このクラブは出席者全員にどのようなビッグゲームでも出ていただくことを大原則としている。日本の惑ラグビーの草分けである東京不惑クラブでは92歳の守田さんがプレーされており、元気な姿をグランドで披露されている。我々が毎年お世話になっている愛媛思惑クラブの大西さんも91歳で尚プレーを続けておられる。惑惑クラブでは池田さんが本年90歳になられた。これらの方々のように長くラグビーを続けるためには怪我のない合理的なプレーを第一に心がけることが重要である。本書では90歳まで続けることができる安全なプレーとはどのようなものなのかを追求したい。

アフターパーティーの会場においてOver40のラグビープレーヤーで、「俺たちはうまいビールを飲む為にラグビーをしている」という人もいる。もちろん冗談であるが。本書を十分理解していただき、満足のいく安全で優れたラグビーを楽しんだ後、うまいビールを楽しんでいただきたい。

Intelligent RUGBY　目次

はじめに　001

第1章　スペースラグビーとは　009

1. ラグビーはボールゲームである　010
2. 理想的なラグビーとは？　012
3. ラグビーのためのバスケット　016

第2章　Personal Skill Ⅰ　017

1. ラグビースキルとポジションスキル　018
2. ポジショニング　023
3. ランニングスキル　025
4. キッキングスキル　030
5. キャッチングスキル　034
6. パススキル　036
7. タックルスキル　037
8. タックルの受け方、倒れ方　040
9. セービング　041

第3章　Personal Skill Ⅱ（応用編）　045

1. スペースを作る技術　046
2. タックルに入る技術　047
3. アタッキングプレーヤーについて　048
4. 1対1におけるBKプレーヤーのアタック　048
5. 2対1のボールキャリアの動きについて　053
6. 2対1のサポートプレーヤーの動きについて　054
7. 密集サイドでのアタッキングプレーヤーについて　056

第4章　Fitness Practice　061

1. マルコム　062
2. 20秒タックル　064
3. ラグビーサーキット　065

4．シャープなステップを切るための要素　066
　　5．ターンを速く切り返すための要素　068
　　6．コロコロ　069

第5章　年代での必要なもの　　　　　　　　　　　　　071

　　1．多くの情報でプレーに生命を　072
　　2．ラグビーは年齢によって変わらない、
　　　しかしレベルに応じたフィットネスが必要である　075
　　3．年齢による聴力・視力の衰え、
　　　もっと厳しく言うと思考能力・判断能力の衰え　076

第6章　各年代のラグビーとは　　　　　　　　　　　　079

　　1．子供のラグビー　080
　　2．成人のラグビー　082
　　3．Over40のラグビー　084
　　4．Over50のラグビー　085
　　5．Over60のラグビー　088
　　6．女子ラグビー　091
　　7．シニアラグビー　092

第7章　安全なラグビーとは　　　　　　　　　　　　　095

　　1．安全なラグビーには2つの要素がある　096
　　2．熱中症の予防　096
　　3．素直に倒れる勇気　098
　　4．怪我なくラグビーを続ける為に　101
　　5．怪我がないのが戦力のうち　103
　　6．ハイレベルなラグビーを楽しもう　107

第8章　ラグビーがグローバルなスポーツに発展するために　113

　　1．日本および東洋のラグビーへの提案　114
　　2．幼稚園児から高齢者までできるラグビーの謎　116

おわりに　119

ブックデザイン　濱崎実幸

第1章
スペースラグビーとは

Intelligent RUGBY

1．ラグビーはボールゲームである

　アタックのときにこのゲーム性は重要である。まず当たり空間を作るのではない。大きなチームがまずコンタクトによりスペースを強引に作り走り出すと、残念ながら有効なアタックとなってしまうこともある。対外試合において、多くの選手が、白人選手の体重や腕の長さなど、アジア人にない骨格の違いからくる体格差によって予想されるスペースを見間違えていることも原因のひとつである。しかし意識的なコンタクトプレーは、そのあと合理的なスペースを作るという考えに裏付けられるものでなくては安全なラグビーは展開できない。ボールゲームであるから、スペースにボールを運べば手段は選ぶ必要がない。パス・キック・ランが手段のすべてであり、しかも最も重要なラグビースキルである。ボールゲームであるから、できるだけ相手と接触せずに（できるだけコンタクトを避けて）、相手のゴールにボールを持ち込むことが大切である。

　スペースラグビーを作って次のプレーを予測しラグビーができると怪我が少ない。トップリーグでよく使われているモールやラックを通じての展開で起こる怪

外国人との体格差は歴然としている

第1章　スペースラグビーとは

我と、シニアの予測プレーからの怪我では相違がある。前者ではディフェンス側の外傷が多く、後者ではアタック側の外傷が多い。後者のそれは相対するエネルギーが正面からクラッシュしないため軽微なことが多い。繰り返すが相手の優れたタックルを素直に吸収してのプレーでの話である。そこで注目してほしいのがバスケットボールである。バスケットの感覚でボールを展開することが重要である。ここであえて言うと、アタックにおいては優れたラグビーとバスケットとは極めて共通点が多くなってくる。数少ない相違点の1つに、ラグビーでは前にボールをパスできないという基本ルールがある。しかし、スペースにキックすることが許されている（キックパス）。バスケットで選手がボールを蹴るのは許されていない。キックがパスと同じ効果を持つためには、動きが早くなくてはいけない。キックは正確で同時に手のパスに劣らない俊敏さが必要である。バスケットはフィールドが狭いため、自分の動きをシャープに小刻みにして、味方のスペースを狭めない努力が常にされている。

　写真のプレーヤーはキックによりディフェンスのいないところにボールを運んでいる。この空間は彼一人で創られたものでなくアウトサイドのウイングのプレ

011

Intelligent RUGBY

No.244の選手が二人のディフェンスをアウトサイドにひきつけた背後にグラバーキックをしている

ーでディフエンスが外へ引き込まれることにより生まれた。

　スキルに光を与えるために、フィットネスは重要である。、フィットネスは架空のプレーを想定しながらそれに向けて行うのを基本としたい。

２．理想的なラグビーとは？

　シニアラグビーは人生の折り返し地点からのスタートである。できるだけ長くプレーできる環境作りからはじめる必要がある。個人の基礎体力作りは当然のことながら、練習や試合を安全にするためには、生活習慣病等の年齢からくる疾患への各自の注意も必要である。シニアラグビーで最も尊敬され、また憧れのプレーヤーは、故・林さん（95歳・東惑クラブ）、守田さん（94歳・不惑クラブ）のように、90歳を超えてグランドの芝に立てる方である。グランドコンディションの整備を含めて、シニアの競技規則も必要とされる時期にきている。国内においては惑惑クラブを中心として、シニア競技規則を立案して、現在各シニアクラブに配布して意見を求めている段階である。このような流れをバネとして、世界的なシニアラグビーの競技規則を作成して広めていきたいと考えている（p.92参照）。この競技規則の一部を紹介すると、プレーヤーはマウスガードやショルダーガード、ヘッドギアを着用する必要があるが、ヘッドギアもパンツの色に合わせるように努力したい。ちなみに、40代は白、50代は紺、60代は赤、70代は黄、80代は紫、90代はゴールドである。

第1章　スペースラグビーとは

日本発進のこの色分けは全世界に定着しつつある。色分けだけでなく、世界に対して積極的に日本のシニアラグビーの主張を展開していきたい。ラグビーにかかわっているすべてのメンバーが怪我なく競技生活を長く続けられるために必要なことである。ラグビーを楽しむ為にはグランドの整備、準備が必要で、この作業には年代の差別なく平等に加わる必要がある。シニアラグビーにおいては学生時代のような学年による上下関係は持ち込まないほうが運営がスムーズに行く。年代、技量の差を越えてお互いを尊重しあうことである。

　シニアラガーのプレーは彼がどのようにジュニアや

年代別カラー	
原則として年代別にチームを編成してプレーします。そのためパンツの色で年代を識別します。これは国際標準（いわゆるデファクトスタンダード）となっています。赤は日本の還暦のちゃんちゃんこが由来です。	
［白パンツ WAK］	40才代です。 惑惑クラブでは青二才の駆け出しです。しかしパンツの色には関係なく身分は平等です。
［青パンツ WAK］	50才代です。 半世紀を生きてきましたが、これからです。青に適したラグビーを猛勉強しています。
［赤パンツ WAK］	60才代です。 還暦ですが、出席者も一番多く高齢化社会を反映し実はチームの中心です。
［黄パンツ WAK］	70才代です。 人生はなんとなくわかってきましたが、ラグビーはまだこれからです。参加してくる赤を見据えてトレーニングを怠りません。
［紫パンツ WAK］	80才代です。 ここまでくれば大成功と人は言います。シニアラガーの憧れです。私生活での節制が際立っている人々です。
［金パンツ WAK］	90才代です。（黄金パンツです！） グランドではもちろん、アフターパーティでも主役です。世界の宝だとギネスブックは言います。本人たちは耳が遠くなってといいますが大事な話は全部聞いています。

013

Intelligent RUGBY

学生時代に指導され、プレーをしてきたかを物語ることが多い。その意味で幼少時のラグビーは重要である。ジュニアラグビー（幼稚園・小学生）について。ラグビーを楽しむことからスタートする必要がある。これはどのクラブでも言われているが、勝敗や短期的な強化目標が一人歩きしないように常に気配りをしたい。中学生までは骨格、心肺機能や反射神経も発育段階にあり、過度な負荷は将来の障害となる。また、成長段階に同一年齢でも個人差のある時期なので、体格での他クラスへの編入も考える必要がある。学年、能力を多面的に評価してゲームが楽しめるようにしたい。すべての年代において、完全に同一レベルにグループ分けすることは不可能である。ここで、各々のプレーヤーが相手の状態を理解して、お互いが楽しめるプレーにする必要がある。指導者は試合のゲームの流れのみでなく、失敗したプレーヤーや敗戦のときのプレーヤーがお互いにどのような会話をしているかを間近で聞いてほしい。失敗を責めるのではなく、またプレーとしては成功しなくてもすぐれた働きかけに対しては、賞賛の言葉が出ているだろうか。よくミスマッチということが話題になるが、ミスマッチは点差ではなくお互いのプレーヤーが真摯に試合を楽しめているかで決まってくる。したがって、90点差があっても優れたゲ

第1章 スペースラグビーとは

2007年九州での三惑大会で熱戦を繰り広げた東京不惑クラブと九州迷惑クラブの集合写真である

ームはあるのである。年代別のカリキュラムは現在多くのラグビースクールで作られつつある。ラグビーの勝敗ではなく試合を楽しむことができ、またその楽しみの内容が深いものであるかどうか（将来につながる優れたプレーが多く見られたかどうか）、試合中及び試合後の記録写真で、子供たちの表情が楽しげで、いきいきしているかどうかも評価したい。その意味でも試合後の集合写真は大切である。

ジュニアの場合、タックルされた際、日本ラグビー協会の指導の如く、安全のため相手のジャージの背中部分をつかみ、頭をグランドで強打することを防ぐことはこの時期に学ぶべきことである。ラグビーを楽しむのであって、ラグビーボールのためにプレーしているのではない。ボールの処理よりお互いの安全が大事なのである。この基本プレーを会得したのち発展させ、有効なボールの継続のプレーに進展させる。

タックルドボールの処理においてはジュニア及びシニアは、ヒット後のボールの処理はリフトを含み、ボールを放すことを基本とすべきである。これはタックルしたプレーヤーを含む安全性のためである。

015

3．ラグビーのためのバスケット

　まずラグビープレーヤーに勧めたいことはスパイクを脱いでもらいたい。狭いフィールドでのバスケットを一度やっていただきたい。上体のひねりを強調して相手に一歩偽りの空間に踏み込ませることや上からのパスと見せてアンダーパスを送るなどがある。

　（前でスペースを作るため）前パスあり、2歩でパス、パスカットのみのプレーをやってみよう（左手でのパスしかさせない・タッチはしない・パスカットのみでのプレーはフィットネストレーニングにも有効である）。

　そしてラグビーでも、バスケットボールの感覚でわずかなスペースを見つけて欲しい。多くの右利きの選手は左手を使ってのパスが不得手である。シニアラグビーにとって不可欠のスクリューパスに於いてこの傾向が著しく右への展開のスペースが不十分である。

ボールキャリアは16番を左に誘い、その瞬間、右サイドのプレーヤーにパスをしようとしている

第2章
Personal Skill Ⅰ

１．ラグビースキルとポジションスキル

　たとえばセンターもコンタクトプレーにおいて、ボールを確保することがゲームを展開するときに必須である。その意味ではポジションスキルが非常に大切である。フォワードについても、アタック時のパススキル・ステップスキルがバックスと同様に重要である。そこにはボールゲームによりスペースを創造する基本的な意図が流れているのである（註：スキルには各ポジションに求められる特有なスキルとすべてのプレーヤーに求められる基本となるラグビースキルがある）。

　全員が同レベルの技術的なラグビースキル（ラグビーに特有な基本的な技術を意味する）を持っているチームであるべきである。ポジションスキルの一例としてラインアウト時のレシーバーのキャッチングを見てみたい。写真で惑惑の選手は右手をボールの中央に絡ませヤンボール（相手ボール）を獲得しようとしているのだが結果的には相手レシーバーの動きを助けてしまっている。ボールの下半分に絡みノックオンを誘うべきである。

　ポジションスキルを十分機能させるためには個々でそれを支えるラグビースキルを磨く必要がある。フィールドの広いラグビーについては日々のトレーニングにより裏付けられた脚力が重要なスペース作りの武器となる。（年代を重ねると共に）また逆に日々の業務に追われてラグビースキルである脚力がなまっているプレーヤーに対してはスペースは背を向けて遠ざかっ

ていく。
　ラグビーは各チーム15人でプレーするのであるから、中には体重100kgになろうとする巨漢もあれば身長160センチに満たず体重も60キロ前後のメンバーも存在する。各々の資質や体格、体重に応じて果たすべき役割が用意されている。もちろん、背が高いほうが、骨格は大きい方が有利なのは間違いないがそれを補い、有効なプレーを可能にするのがスキルである。一流チームに目を移すと確かにプロップは100キロを超すようなまるで動く山のような男であるしロックはチームきっての長身の選手である。バックローは闘争心に富み、シャープで激しい動きができるプレーヤーであり多くはあまり体格の大きくないことが多い。言ってみると体格そのもので、ある程度ポジションが決まってくる場合もある。体格がプレーヤーの性格をある程度形成している可能性さえある。どのようにすれば自分のやりたいポジションにフィットした体格や身体的特性を作り上げられるのか。体格を向上させフィットさせることによりプレーの余裕ができ、判断の余裕ができる。優れたプレーヤーというのはこのような自己開発の努力を惜しまない選手なのである。スクワットに例をとってみよう。我々が白（40代）に薦めているスクワットは体重の3倍から4倍の重量で3〜6回、膝の屈伸屈曲は40度くらいでヒップラインは膝より上でとめる。しかし筋肉トレーニングは基本的には選手の年齢能力に応じたものでありたい。同時に目標とするゲームがいつ行なわれるかによっても変わるであろう。ポジションスキル（プレー）としてセンターのアタックについて述べる。次頁の図1のセンター1は、残念なことにアタックのランニング方向が味方ラインの方に向いており、ディフェンスプレーヤーがボールキャリアとともに動くと外へのディフェンスがしやすい。外側センター2のプレーヤーのようにボールのくる方向に走り出すのが望ましい。センター1のアタックライ

ンは直進よりややインサイドに向かっているのが理想である。たとえ、走る方向は外側であろうと、上体は必ずボールの来る方向（インサイド）に向いていなければならない。センター1はこの鉄則を教わるのが遅かったためゲームになると悪い癖が出る。彼の考えを代弁すると次の展開のために外に向いているということであろうがあくまで頭の中で考えることであって体で表現してしまうとディフェンスラインの思う壺である。この方向によりディフェンスラインの外への展開を阻止することができる。さて、読者はバックスラインの要はスタンドオフでありセンターであると判断しておられるであろう。確かにそうかもしれない。しかし、私は最も難しいディフェンスはウィング・フルバックにあると考えている。

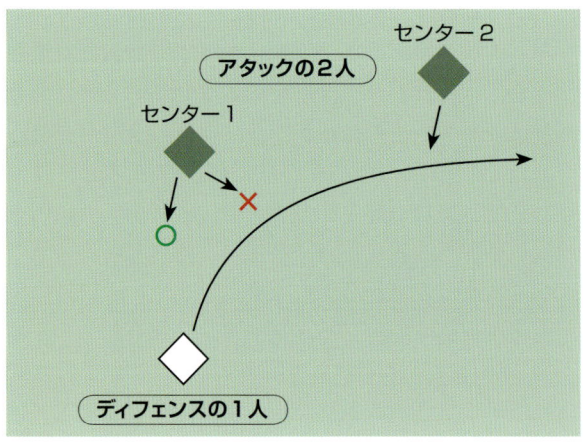

図1

　まずウィングについて、筆者は最近カナダの往年の名隻腕フランカー・ベイチ氏と日本のラグビーについて語り合ったことがある。その際、彼は日本のラガーでもっとも印象に残るプレーヤーとして旧八幡製鉄の宮井氏をあげた。筆者が彼は足が速いことを武器とした名選手ではなかったのかと質問したところ次のよう

第2章　Personal Skill Ⅰ

に説明してくれた。そんなことでは君はウィングの難しさ楽しさを理解しないでラグビーを終わってしまうかもしれない。彼のアタック時のスペースを創造する感覚はきわめて優れており、インサイドからのディフェンスの場合抜き去られることがあった。これは彼の体全体で表現してくるステップで思わず方向を誤ってしまうことが主因であった。

2006年、ベイチ氏の自宅にて

　では、このように優れたウィングに対するディフェンスは、どうあるべきなのか。ウィングの攻防は超音速ジェット戦闘機の世界なのである。センターのそれはまだゼロ戦のスピードである。ディフェンス側ウィングにとって判断のための時間はほぼゼロである。したがって、敵ウィングの行動パターンを何種類か予測することからはじまる。その際相手の性格、癖を存分に自分にインプットしておく必要がある。さて、防御の鉄則は相手がボールを持った瞬間にタックルに入ることが望ましい。しかしこのような機会が訪れることは多くはない。いかに優れたウィングであっても単独でジェット戦闘機をとめることは不可能であり、センター、ナンバー8及びタッチラインとのコンビネーションプレーが必須である。タッチラインをこの場合味方ナンバー16と考えてプレーしているわけだが、ウィングは決して16との間を抜かれてはならない。なぜならこの空間を突き破って後方に飛翔した優れたプレーヤーをセンターもナンバー8もとめることはもはや不可能である。このようにラグビーの防御スペースには決して相手に許してはいけない空間がある。望ましいことではないが、充分プレッシャーをかけた後インサイドに抜けた敵ウィングはポジショニングの優れたナンバー8がブロックしてくれる可能性がある。ウィングのディフェンスのいまひとつのポイントは相手の優れたキックに対しての戻りディフェンスである。す

なわち、ウィングは逆サイドの攻撃に対するバッキング（カバーディフェンス）ができるポジショニングを常時心がける必要がある。往々にしてオーバー50以上ではバッキングそのものを行わないウィングが存在する。この場合に2つの原因がある。フィットネスが悪く身体的にバッキングができない場合である。オーバーウェイトの選手に多い。これはスペースラグビーを追及している我々にとっては悲しむべきことであり、彼にはフィットネスが必要である。

　第2としてポジショニングが悪い為にカバーディフェンスに遅れをとる場合である。ボールは1つしかない。スクラムハーフに対して真にボールを要求しているのは1人である。次にどちらでボールを呼んでいるかを確認しウィングは自分のサイドにボールがないとき、ボールが送られた方にカバーディフェンスに行く。そのとき、ポジショニングを変える。（自分のエリア側も意識しつつ）次のポジショニングでの相手の攻撃を予測しているかどうか。相手のスタンドオフを見ることから始まる。ボールキャリアに誰が声をかけているか。ハーフが誰の声を聞こうとしているか。キーマンは誰なのかを常に判断してディフェンスを行う。カバーディフェンスに遅れるのはかまわない。しかし相手の攻撃の意思を読み取ることができない、すなわち相手との会話ができないディフェンスプレーヤーはラグビーを楽しんでいるとはいえないのである。ディフェンスが相手のアタッカーを誘導することは限られたレベルでしかできない。したがってディフェンスの場合ウィングのポジションは常に戦況の変化の流れに乗っていなければならない。アタッカーにとって同じパターンでのディフェンスを行うウィングは御しやすい。ディフェンスに目を向けると優れたプレーヤーに対して孤立したディフェンスは必ず破られるものと理解する必要がある。幸運な例外としてサイドラインが迫っている場合があるのである。したがって、ディフェン

スは２人以上が一体となって行なうものである。アタックとディフェンスのレベルが同一の場合、ディフェンスのアウトサイドショルダーはボールキャリアのインサイドショルダーにあわせて内側から外へ押し出すプレッシャーを加え続けるのが基本である。この場合、ディフェンスがボールキャリアのアウトサイドをおさえるディフェンスにはいってしまうとタックルする瞬間に外へのインサイドカバーディフェンスが予測できないスペースを作ってしまう。この空間は抑えられない。したがって、ディフェンスはインサイドから抑えるしかない。ディフェンスがボールキャリアに対して許すコースは２つある。１つはアウトサイドでタッチラインへ押し出す形でのコースである。他の１つはインサイドのサポートディフェンスに誘い込むコースである。

２．ポジショニング

　ゲーム中、スペースを意識したディフェンスのフルバックは相手のスタンドの目の動きをとらえ、彼のキックの前に空間をつぶす動きをして、意識的に偽りの空間を作りあげ彼の目が自分から離れるや否や、逆の動きに入り、相手スタンド意図した空間に侵入するのである。偽装したスペースを作るのである。
　このプレーを成功させるためには、２つの基本的な準備が必要である。
　第１としては、ディフェンスラインに欠陥がなく、やや早くディフェンスにスタートすることでキックへ誘惑することである。第２には、フルバックのポジショニングは偽装されたスペースをより広く見せることが望ましい。また、プレー中には偽装されたスペースに移動するタイミングが重要である。スペースに移

動するタイミングを遅らせることの出来るプレーヤーが、優れたプレーヤーであると同時に、相手スタンドオフの戦略を根本から混乱させることができる。（スタンドオフを偽装したスペースに攻撃させることができる）

　筆者はかつて高名なスタンドオフとフルバックとして相対した際、自分の偽装した空間の逆に深く蹴りこまれピンチを招いた経験がある。フルバックの移動のタイミングがわずかに早かったため、動きを察知されてしまった。相手スタンドの目の動きえを釘付けにするような味方のディフェンスの迫力がなかったのかもしれない。しかし、この場合に限ればスタンドオフは筆者よりスペースについての感覚が鋭かったと思い起こすのである。このような駆け引き（知的といってよい）の思い出は結果にかかわらず優れたラグビーを目指す者にとってかけがえのない財産なのである。

　バックスのディフェンスプレーについてもディフェンスラインに空間を空ける動きをして、相手プレーヤーを引き込むこともスペースラグビーである。アタックについても意識的にディフェンスラインに空間を作りだすフェイントで空いた空間を攻撃する。1次攻撃では展開のイニシアティブはアタック側が持っているので、ディフェンス側は2次攻撃以降でイニシアティブを部分的にとって行こうという訳である。

　ラグビーの空間は2つの要素から構成される。第1は文字通り物理的な広さである。10m²の空間より50m²の空間が使い出がある。第2は空間に入り込むことが出来るプレーヤーの質と数である。従って空間の横に控えている優れたディフェンス側のプレーヤーは、モールやラックに巻き込むことが望ましい。逆に味方のプレーヤーを迅速にそのスペースに侵入させることが必要である。空間を意図的に広げる必要がある。

3．ランニングスキル
ここで述べるのは個人的なアタックに際してのランである。

　ボールキャリア（ボールを持ったプレーヤー）はゴールに向かって真っ直ぐに走るべきではない。へその向きを左右に振りながら走るのが基本である。その時ディフェンスはへその向きによってタックルポイントが変わるのでタックルしにくい。いわゆるスネイクランを心がけたい。いったん猪突猛進型のランニングスタイルが身についてしまうとそこからの脱却は簡単ではない。最初が大事なのである。これは社会生活でもいえるかも知れない。
　タックルポイントを惑わすためには多くの表現がこれまでなされてきた。タックルについての考え方はラグビーのレベルによって大きく異なっている。標準的なレベルではタックルポイントを惑わすことが優れた戦術のように感じるが、味方も彼の意思を示さない動きに妨げられ意図的なアタックができないのである。へその方向性を変えるランニングは常に移動するタックルポイントを相手、味方に示しているわけで、より意図的であり明快な攻撃なのである。へその向きは自分が向く方向と逆に向けるのである。アタックにおいては1次タックラーの防御を潜り抜けることが先決ではあるが、へその向きを1次タックラーと2次タックラーの間に向けることで両者を巻き込むことが可能となってくる。これを2次、3次と繰り返していくことでアタックは展開される。この際重要なことはプレーヤーがタックラーを外すことではなく、偽装されたタックルポイントに複数のプレーヤーをおびき寄せることである。1対1の場合、ディフェンスに対して体を正面に向けないことが重要で、スネイクランを基本とし、タックラーがどこにタックルポイントを置いたかをより早く見つけ、そのタックルポイントより少し遠

Intelligent RUGBY

めに新しいタックルポイントをつくるフェイントによりディフェンスが慌ててその新しいタックルポイントへと移動する。この時、インサイドの足は大きく踏み出されるだろう。この瞬間に彼が踏み出した後の空間をボールキャリアは走り抜ける。この空間は意図的につくられたもので２次ディフェンスがカバーできないものである。

　下図のようにオフェンスBはコーンCを回り、ディフェンスAはコーンBを回る。Aのディフェンスに対して、タックルポイントを２歩右に弧を描いて走り込み、相手が反応した瞬間にさらに右にステップを切り（図２の①）、ディフェンスを架空のタックルポイント１に移動させた後、コーンBDのラインに対して直角に立てなおして抜きさる（図２の②）。この際、オフェンスBはコーンCを回るとき、右足を上げて相手のタックルをかわすイメージを作りながら抜きさる。次いでディフェンスをハンドオフしたり、足抜きをする。

足抜き①　ディフェンスの手を避けるように右足を折っている

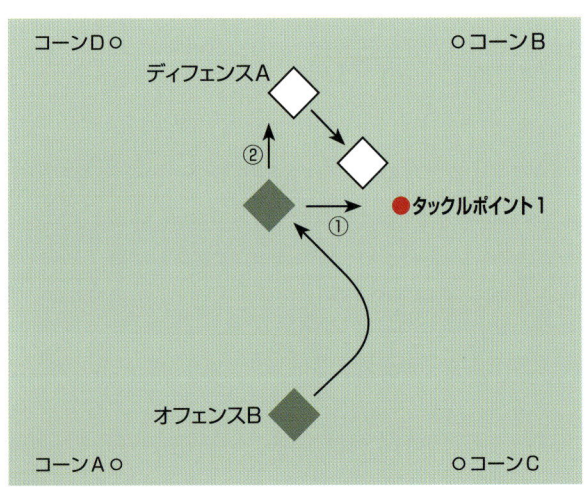

図２

足抜き②

足抜きとは　内側（タックルプレーヤー側）の足を内側に折って、タックルプレーヤーの手を避けるように逃がす。タックル側の足を高く上げるよりははるかに運動能力を落とさないという点で合理的である。

第2章　Personal Skill Ⅰ

　ディフェンスの間合いが近い場合、白のラグビージャージ選手の伸びた手を下に下げることによりディフェンスをかわすテクニックがある。タックルに入った腕は上から押さえられると信じがたいほどひ弱に押されてしまう。

　もしはたきこめなかった場合でも右足を前にしっかりと運べばタックルの手をはじくことができる。是非このような状況で試していただきたい。

　この一連の動作に必要なのは練習により培われた迅速な判断力である。足の動きを確保するため、ハンドオフの肘は伸びていないといけない。ディフェンスの役割（働きかけ）は大きいことがわかっていただけると思う。

　他にディフェンスの間合いが近い場合に、ディフェンスをかわすテクニックとしてチェンジオブペースがある。いったん立ち止まるほどスピードを緩めて再び加速することでタックルにきた相手を翻弄するステップの1種である。ここでは段階を分けて練習を紹介する（第1段階は写真①～⑥、第2段階は写真⑦～⑫、第3段階は写真⑬～⑰）。

はたきこみ①

はたきこみ②　ディフェンスの手を上からはたく大切なポイント

はたきこみ③　はたいた手の次に右足をしっかりと前に運ぶ

はたきこみ④

027

Intelligent RUGBY

ハンドオフ①

ハンドオフ②

ハンドオフ③　ここで肘が曲がってしまうとディフェンスとの距離が近くなりタックルされる可能性が高い

ハンドオフ④

チェンジオブペース①　蹴り足が踏み込み足より前に出ないようにステップする（①～⑥）

チェンジオブペース②

チェンジオブペース③

チェンジオブペース④

第2章 Personal Skill Ⅰ

チェンジオブペース⑤

チェンジオブペース⑥

チェンジオブペース⑦　蹴り足、身体を90度外に向けてステップする。(⑦～⑫)

チェンジオブペース⑧

チェンジオブペース⑨

チェンジオブペース⑩

チェンジオブペース⑪

チェンジオブペース⑫

029

Intelligent RUGBY

チェンジオブペース⑬ 一連の動作（⑬〜⑰）

チェンジオブペース⑭

チェンジオブペース⑮ 蹴り足、顔を90度外に向けてステップする

チェンジオブペース⑯ 身体の戻しを背筋、頭を使って反動で戻す。強烈な上体のフェイントでディフェンスを支配下においてしまう

チェンジオブペース⑰

4．キッキングスキル

　サイドアタックをブラインド側にしかけ、ディフェンスのウィングをはじめとしてフォワード3列を巻き込んで後ろの空間に戻るプレーヤーをなくした後、キックで後ろのスペースを攻略する。ディフェンス側を

孤立したフルバックのみにするのである。そのためには早い球出しが必要である。このプレーのみならず歯切れの良い球出しはスペースラグビーを組み立てるために必須である。

この場合のキックの成功率は一般的に現時点では低い。総じてラグビープレーヤーのキックの方向性及び射程距離は不正確である。多くの練習において距離を伸ばすためのフルキックが好んで行なわれており、15〜20メートル先の小さなサークルにある時間（滞空時間）をおいて運ぶという練習が不足しているからである。もう1点はキッカーの腰が常に開いており、サイドラインを割ってしまうことが多い（ダイレクトタッチ）。10メーターラインオフサイドがあるため、これより短いキックは不適である。キックが作る空間は味方をオフサイドラインから開放すると同時に味方が到達できる距離である必要がある。一方オーバーシックスラグビーにおいては深くてまっすぐに蹴りこまれたボールは極めて効果的であり、端的にはトライに結びつくことが多い。すなわち高齢になればなるほどキックの巧拙はゲームを左右するのである。

スペースをつくる手段にキックはない。

キックをすることによってスペースは一挙に縮まる。相手フルバックや逆サイドのウィングは空間を埋めに帰ってくる。地域を獲得するための手段なのである。

ロングキックは地域を大きく獲得したり、次の攻撃ポイントを大きく変える。

Intelligent RUGBY

ロングキック①

ロングキック② 距離が出る様にスクリューキックで蹴ると有効

ロングキック③ ロングキックではこの時、ボールを捕らえる位置が低ければ低い弾道で飛ぶ

ロングキック④

ハイパントは、ボールを高く上げる事が重要なのでボール部分の下側を蹴る

ハイパントはフォワードの背後への滞空時間が長いキックであり、味方が再度ボールコンテストに加わることができる必要がある。シニアラグビー（特に青以上）においては、優れたハイパントのほとんどはミスキャッチを誘っている。果敢な追走プレーヤーがプレッシャーをかけることにより、ミスを誘うことになる。この場合高く蹴られたボール（加速しながらプレーヤーに迫る）は味方と考えてよい。一方受ける側は半身でキャッチングに入りノックオンを避ける必要がある。

ショートパントはディフェンスの背後にキックし、自らがボールを支配する。10メートルオフサイドが成立するのでキッカーは見方をオンサイドにするための最大の努力が必要である。

ショートパントとハイパントは共にボールの蹴られる位置は同じである。

第2章 Personal Skill Ⅰ

ハイパント①

ショートパント①

ハイパント②

ショートパント②

ハイパント③

ショートパント③　そのまま自分が走ってボールを取ることも考慮して蹴るのでこの時の加減が重要

ハイパント④　ハイパントではこの時、ボールを捕らえる位置を高くし蹴り足をしっかり上に振り上げる

ショートパント④

033

Intelligent RUGBY

グラバーキック① ストレート

グラバーキック② スライス

グラバーキック③ フック

グラバーキック④ このときにディフェンスのギャップを予想しその間に蹴る

グラバーキック⑤

グラバーキック⑥

グラバーキック⑦

■グラバーキック

　ディフェンスの背後にキックを転がしゲインラインを一気に破ったり、サイドライン側の選手がトライを狙うキックである。
　グラバーキックの場合、ボールの持ち方はすべて変わるがボールを蹴る位置はすべて上側を真っ直ぐ蹴る。ディフェンスの選手にボールが当たらないようにディフェンス選手同士の間（ギャップ）を狙い蹴る。

5．キャッチングスキル

　ボールの落下地点に早く入り込むのが原則である。相手のプレッシャーを感じるような優れたキックに対してはジャンピングキャッチをすることにより、タックルを回避することができる。キャッチすると同時に味方にボールを見せよう。オプションとして偽りの落下点に自分が立ち、真の落下点にサイドステップをきってキャッチし、ボールを見ていないディフェンスを惑わすこともできる。

034

第2章　Personal Skill Ⅰ

キャッチング①　この時、ディフェンスのタックルポイントを絞らせる

キャッチング②

キャッチング③　（ここでディフェンスがタックルに入る瞬間に移動し相手のタックルポイントをずらす）ディフェンダーは相手の腰を注視しているので空中の真のボールの位置は通常わかっていない

キャッチング④

■パスからの場合

　パスを受けるときはまず両手で持つことは大切な基本プレーである。両手で持つことにより、パス、キックができ、ボールを落とす危険性も少なくなる。これらのプレー上で更に前傾姿勢で走ることによりダミープレーを有効にしたり、低い姿勢で当たることができる。ただし最後にトライをとりにいくフィニッシャーはサイドライン側の片手でボールを持ち全体にまとわりつくように持つことで落としにくく片手なのでその分速く走ることができる。

キャッチング⑤　両手が基本
両手で均等に持つのではなく次のパスがすばやく投げられるように写真のようにずらして持つ

035

Intelligent RUGBY

フィニッシャーの持ち方

6．パススキル

原則的にはスクリューパスを使用する。ストレートパスからは脱却しよう。

スクリューパス①　前傾姿勢をとる

スクリューパス②　必ずボールのくる方向に両手をだす

スクリューパス③④　手をだしてボールを持っていることによりパスモーションが速くなる

第2章　Personal Skill Ⅰ

スクリューパス⑤　パスを最後まで振り切ることによりボールが伸びる

スクリューパス⑥

7．タックルスキル
静止状態からダイナミックな状態に順次レベルアップしていく。

タックルは腰より下にいけ！相手の顔を見るな！目を見るな！と教えられた人は多いと思う。正論である。相手の目がすばやく左に動いたとしよう。あるレベルの選手なら当然左にサポーターがいると判断し、左に動くであろう。そして右に抜き去られたりタックルのタイミングが遅れる。相手のフェイントに惑わされないためには腰を見ることである。ただここでは段階をつけてタックルを習得する。

1 両膝つきタックル
　肩を当ててパックをする。逆ヘッドにならない。しかし身体は開いてしまう。

タックル①（両膝つきタックル）頭を下げないようにして肩を当てる

タックル②（両膝つきタックル）パックをしっかりする

タックル③（両膝つきタックル）頭が地面に落ちないようにおしりの方に頭がくるようにする

037

Intelligent RUGBY

2 片膝タックル

タックルするサイドの膝を立てることにより、身体が開かない。頭の位置、肩を当てる、パックをする、逆ヘッドにならないこの4つに注意!!

タックル④（片膝タックル）　　タックル⑤（片膝タックル）　　タックル⑥（片膝タックル）

3 コンタクトバッグにてタックル（胸へのタックル）

タックルする肩側の足を前に出す（相手の運動エネルギーにより身体が開かない為）。

4 お互いとの間合いを3m離し、デイフェンス側は動かず、コンタクトバッグを持った方が走りこんであたる。

タックル⑦（胸へのタックル）
コンタクトバッグにてタックル

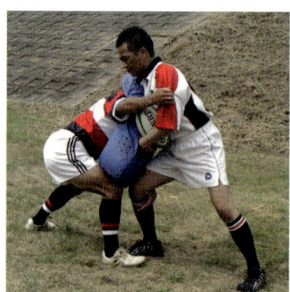

タックル⑧（胸へのタックル）
ディフェンス側はタックルする肩側の足を前に出し、下から上へ突き上げる様にタックルする

タックル⑨（胸へのタックル）
その時アタッカーの踏み込み足を苅る様に持ち、タックルする肩側の腕はアタッカーの肘をつかむようにタックルする

第2章　Personal Skill Ⅰ

5 お互いとの間合いを5m離し両方がスタート。ディフェンス側もスタートするが4の基本を崩さない為にすり足で間合いをつめる。上半身へのタックルはボールを殺し、速い展開を避ける為であり、下半身へのタックルは瞬時に相手を止めることでゲームを停止させる（ノックオンになることが多い）。

タックル⑩（胸へのタックル）　間合いを詰め、しっかりと足を踏み込む

タックル⑪（胸へのタックル）　肩をあて、足、肘をしっかりパックする

タックル⑫（胸へのタックル）　下から上に突きあげるように押し込む

Intelligent RUGBY

8．タックルの受け方、倒れ方

■ タックルの倒れ方

まずは両手で必ずもちながら次のプレーヤーに継続するための行動をおこす。ボールを落とさないことに注意する。

倒れ方①　ノックオンしないようにボールをしっかり持つ

倒れ方②　後ろの指示や次のことを考え倒れる準備をする

倒れ方③　次の味方のプレーヤーに継続できるように倒れる

リフト

倒れ方④（リフト）　味方が近い場合にはリフトで手渡しする

ダウンボール

倒れ方⑤（ダウンボール）タックラーより遠くかつ次の味方に有利な位置にボールを置く

ボールを転がす

倒れ方⑥（ボールを転がす）タックラー、敵の選手を見てダンボールの位置を考える

倒れ方⑦（ボールを転がす）ディフェンス側〈タックラー、敵の選手〉が近い場合ボールを転がし味方に継続を委ねる

9．セービング

　ボールが地面にあり、相手と競り合ってボールを獲得する場合、有効なプレーである。ただセービングをするときにはグランドコンディション、エリア、天気の状態、するときの状況によってセービング方法がかわる。
　注意することは4つある。
　①ボールの転がりの予測
　②低い姿勢で2～3m前から飛び込む
　③両手でボールを取りにいく
　④ボールを隠しながらすばやく起き上がる
　セービングにはフロントセービングとバックセービングの2種類がある。プレーする基本はどちらも同じであるがセービングする方向がことなる。

Intelligent RUGBY

フロントセービング

セービング①（フロントセービング）　この時はボールを抑えることに集中する

セービング②（フロントセービング）　敵の選手との壁を作りすばやく起きあがる。無理な場合はボールを味方に継続できるところにダウンボール

バックセービング

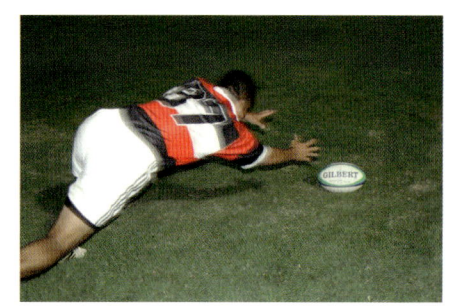

セービング③（バックセービング）　この時もボールを抑えることに集中する

セービング④（バックセービング）　下がりながらのプレーになるのでここからすばやく起き上がる

特殊なセービング

雨の芝生では芝生がすべるということとボールがあまり跳ねないことを利用してスライディングのようにセービングを4〜5m前からおこなうと効率よくでき起き上がりもスムーズである。

第2章 Personal Skill I

セービング⑤　ボールの転がり方を見極める

セービング⑥　スライディングを速めに行う

セービング⑦　ボールを抑える

セービング⑧　すばやく起きあがる。この一連のプレーには静止点はないようにする

第3章
Personal Skill Ⅱ
(応用編)

1．スペースを作る技術

　スペースを作る為に大きく分けて２つの方向における攻撃原則がある。ゴールラインに対して垂直方向に攻撃を仕掛けることは、ディフェンス側をコンタクト地点周辺の垂直方向に密集させる効果が生み出され、その地点から離れた両サイドライン側には攻撃スペースが生まれディフェンスが薄くなることが多い。反対にゴールラインと同じように横へ大きくワイドに攻撃を仕掛けることはディフェンス側を横に引き伸ばす効果が生み出され横へ伸ばされてポイントとなった地点からすばやくボールが出ると縦への攻撃に対してもろくなる。この２つの状況時にアタック側はディフェンス側が次のディフェンスの陣形を整える前に垂直方向もしくは両サイドライン側に攻撃することでスペースが生まれディフェンス網を突破することができる。日本代表やトップリーグでもこの攻撃原則を活かすために色々な選手を採用してきた。センターのポジションでは、昨季のチャンピオン、東芝府中のCTBマクラウド選手がペネトレーター（突破役）としては１級品。マクラウド選手の突破からは、ほぼ100％と言っていいほどトライにつながっている。日本代表では以前、神戸製鋼の大畑選手が、本来のウィングではなく、センターに起用された。これは彼の類稀なスピードによる横への突破力を活かそうという狙いがあった。ウィングに比べ、圧倒的にボールをもらう回数の多いセンターの方が、突破の機会も多くなりディフェンス側を横に引き伸ばす効果もあるためである。意図的にモールやラックを作りに行くのではなく、一人一人が勝負する。ディフェンスの均衡を常に乱すために必ずディフェンスラインの近くでプレーし最大のスピードを持ったプレイヤーにボールを持たせ、そしてディフェ

ンスの間合いやマークをはずすためにポジショニングを変える。これによりディフェンスラインのバランスが崩れ、結果的にモールやラックが形成され、ディフェンダーとのミスマッチができたり、広くポジショニングする事でディフェンス間隔が拡がり、スペースができるのである。

2．タックルに入る技術

　タックルの入り方やポイントは前章で述べたがそれにいたるまでも大切なことがある。肉食動物が獲物を捕らえるときに良くある動きがタックルの入り方にとても良く似ている。ジャングルの王者ライオンは、狙いを定めた獲物にすばやく近づき、途中速度を緩めゆっくりと相手との間合いを詰め、再び一気に加速する。そして首元の急所に目がけ一嚙み！　これで相手は身動きが取れなくなってしまうのである。タックルに入るときもこれと同様の動きが応用される。良くタックルに入る時に間合いを詰めるためトップスピードで相手に近寄る選手がいる。時と場合によっては必要だがBKの選手がタックルに入るケースは少なくとも相手との間合いがあるケースが絶対数をしめる。その際ボールキャリアにとって、トップスピードで入ってくるプレーヤーほどかわしやすい相手はいないのである。トップスピードになればなるほどフェイントへの切り返し反応ができなくなってしまうからである。そうならない為にも間合いを詰めることは大切であるがボールをキャッチした相手との距離に応じては速度を緩めフェイントの切り返し反応に対応できるようにしなければならない。そこから相手の動きと走る方向が定まれば再び相手との間合いをゆっくり詰めて一気に加速し相手の膝元に目がけてタックルをする。これを

FSF（Fast-Slow-Fast）と称する。このように緩急をつけて間合いを詰めたり、ディフェンスラインをそろえたりする事でふところの深い防御網を形成するのである。

3．アタッキングプレーヤーについて

　アタッキングプレーヤーはボールキャリア、サポートプレーヤーともにディフェンスの正面に立つべきではない。なぜなら、走りたい方向にディフェンスがいるポジションはさけたいからである。可能な限りディフェンスとディフェンスの間に位置することが望ましい。とはいえ、ディフェンスプレーヤーもそのスペースを与えようとしないのであれば、万が一正面にディフェンスプレーヤーの位置した場合、ボールをもらう前にへその向きがディフェンダーのへその向きの正面にならないように立つ、すなわちアタッキングプレーヤーはインサイドにへそを向けたり、アウトサイドにへそを向けたりし、タックルポイントを正面に作らない工夫が必要となる。このようにして、走りたい方向をへそでカモフラージュすることが必要である。原則としてへその向きはポイントに向いているべきである。ブラインドサイドでラインがせまり、スペースがない場合はインサイドに向くことが原則である。

4．1対1におけるBKプレーヤーのアタック

　1対1のランニングコースとフェイントのタイミングについて少し述べる。当然のことながらスピードとステップ角度はタックルポイントを大きくまたは広く

第3章 Personal Skill Ⅱ（応用編）

する重要な要素である。しかし、1対1で相手を抜き去るもっとも大事なポイントはタックルポイントを一定にせず走り続けること。タックルポイントは走る方向の延長にある。つまり、タックルポイントはへその向いている方向に位置するので弧を描いて走ることが効果的である。ディフェンスが何処に仮のタックルポイント1を定めたかをいち早く見極めることが大事である。そのタックルポイントを見極めたらそのポイントより少し自分から遠い方へフェイントを仕掛けて（大きく体の向きだけを変えてフェイント）、ディフェンスが慌てて変更された仮のタックルポイント2へ走り出した瞬間に元ディフェンスプレーヤーの居た場所へと走りぬけることが理想的なランニングコースと言える。アタック側・ディフェンス側共にへそを中心に90°の角度でプレー出来ると仮定したときアタックプレーヤーはディフェンスプレーヤーのへそを中心とした90°内に進入してはいけない。解りやすく説明するとアタックプレーヤーのへそとディフェンスプレーヤーのへその向き角度を90°以上にしていればタックルされることは無い。

1対1① 弧を描きながら走り仮タックルポイント1を定めさせる

1対1② 自分から遠い方にフェイントをかける

1対1③ ディフェンスの選手を仮タックルポイント2に走らせる

1対1④ この瞬間に元ディフェンスプレーヤーがいた場所を走る

Intelligent RUGBY

1対1⑤　この位置で相手のポジショニングを確認する

1対1⑥　パスモーションの動作に入ると同時に相手を見る

1対1⑦　全身で大きくパスモーションし、ディフェンスを移動させる

1対1⑧　パスモーションの反動を利用して状態を戻す

1対1⑨⑩　ディフェンスがいた所を走りぬけていく

　ゲーム中2対1の場面でパスダミーで相手のディフェンスを外に向かせて抜いていくイメージである。スペースを見つけてランニングするのではなく、ディフェンスのいたところが抜くスペースになる。
　1対1におけるBKプレーヤーの連続動作で分析す

050

第3章　Personal Skill Ⅱ（応用編）

ると、まずディフェンスの体が開いたのを確認したらアタッカーは弧を描きながらディフェンスの内側に体を向けるとディフェンスが止まる。彼が止まったら二歩内側めがけて走りこむとタックルのための移動開始する（仮タックルポイント１）。同時に仮のタックルポイント１に対して仮のタックルポイント２を作るために上体を変えることによりフェイクする（仮タックルポイント２）ディフェンスが慌てて走り出す。この時インサイドに入りすぎてはいけない。そうすれば自分の描いたタックルポイントをずらされたことによりディフェンスは慌てて走り出す。ここでこらえきれずディフェンスは内側へ走り始めるであろう。その瞬間を捉え、アタッカーはディフェンスのいた場所そのものに走りこむのである。しかし、考えてほしい。ディフェンスの第一歩は左足で踏み出すのが通例である。これは自分の体を相手にオープンの状態で保つためである。次のフェイクでディフェンスは右足を大きく踏み込む。この状態で彼の状態は切り返しができない状況に追い込まれる。したがってポジションに走りこんだアタッカーへのディフェンスは遅れ、しかも弱いものになるのである。

連続動作①

連続動作②

連続動作③

連続動作④

051

Intelligent RUGBY

連続動作⑤（仮タックルポイント１）

連続動作⑥（仮タックルポイント２）

連続動作⑦

連続動作⑧

連続動作⑨

註１：上体をフェイントでひねるときは、顔も鋭く回そう。徹底的に彼を逆に向けるために、取り返しのつかない１歩を踏み出させるために。

註２：フェイントをかけた方向を首をふくろうのように捻りしっかり見よう、目も動かそう。演技は派手に体を張って行おう。スピードの緩急が必須でトロトロしたランではディフェンス側は反応してくれない。

註３：逆にディフェンス側は相手の上体を見ずへそを見よう。視点を下に固定することで上半身の動きに惑わされることが少ない。しかし人間の視野角は広いので必ず視野に相手の顔は入ってくるのがアタッカーの狙いである。この迷い込んできた偽情報を誤った情報としてはずすことができるように練習をつみたい。練習方法は各自で編み出すのがまたたとえようもなく面白いのである。フェイントのうまさと性格の真面目さは逆相関するという人もあるが気にすることはない。

註４：チェンジオブペース（slow-fastが基本）を組み込みフェイントを使うと抜きやすくなる。

第3章　Personal Skill Ⅱ（応用編）

　本書において、へその向きという表現がよく見られる。へその向きの延長線上に、ディフェンスはタックルポイントを感じる。へその向きでディフェンスの動きを左右するのである。

5．2対1のボールキャリアの動きについて

　この場合、ボールキャリアはディフェンスをひきつけてパスをしろと従来指導されることが多い。そのときディフェンスにむかって走るボールキャリアを多く見るが、そもそもディフェンスは2人を捕まえなければいけない状況に置かれておりボールキャリアが自分に向かってくることにより2人をディフェンスできるチャンスが増える。ボールキャリアはディフェンスの2歩内側を駆け抜ける必要がある。
　一歩ではディフェンスは動かない。このコースを取るとディフェンスは必ず一歩ボールキャリアに対して踏み込まねばならない。当然のことながらディフェンスが1歩踏み込まなければそのまま駆け抜ければよい。踏み込んだ時点でサポートプレーヤーには新しく拡大したまた可能性に富むスペースが作られたのである。繰り返すとディフェンスに近づくことによりサポーターにスペースを創ろうという考えが一般的である。考えてほしい。近寄ってくる相手はおいしいカモなのである。
　近寄っていくと、改めて1歩踏み

2対1①　この動作ではまだディフェンスは近寄ってこない

2対1②　1歩内側に走りこむことによりディフェンスを近づける

2対1③　この時のパスのタイミングが重要である

053

Intelligent RUGBY

込む必要はないので知性に富むディフェンスなら十分サポーターの動きを視野に入れておくことができる。この場合、2人のアタッカーは金縛りにあっていると考えても良い。もちろん、2つの考えをミックスして動くことも極めて短期間は存在するが基本はディフェンスから内側へ逃げる働きかけである。内側へのバッキングを強制することにより内側のサポーターを自由にする。2人のアタッカーは幅広いポジショニングをとることがこのプレーを成功させる基本となる。このスペースをとることによりディフェンスは強制的にどちらへのタックルをおこなうかを決断させられる。この決断により攻撃側に有効な行動パターンを決定できる。

2対1④　パスのタイミングが速すぎればまだディフェンスは切り返しができるし、遅すぎるとボールをカットされる

6.2対1のサポートプレーヤーの動きについて

　2対1の場面でディフェンスプレーヤーがどちらにタックルにいくかを早く判断させる条件を作り出すのがサポートプレーヤーの役目である。まずボールキャリアから離れてボールキャリアのランニングコースを作る。ボールキャリアにディフェンスがタックルにいきはじめたらスペースを空けたサポートプレーヤーはディフェンスの背中を走り抜けるコースを取る。もしボールキャリアがタックルをされたとしてもディフェンスプレーヤーの背中でつなぐことが可能である。しかしディフェンスの判断が遅いときはサポートプレーヤーは声を出してフラットの位置にあがり、パスをもらうと攻撃側の大き

2対1⑤　この時点ではディフェンスはまだ両方を捕らえる事ができる

なトライチャンスになる。

　セットプレーからは必ず相手とのコンタクトが起こる。プレーヤーの意識としてラックになるのではなくボールを立ったままで保持し、モールでボールをつなぐことを意識すべきである。ラックを作ることはダウンボールのため、上体をかがめ頭が下がる。必然的に身体はかたくなり、倒れやすくなる。この姿勢から起こる頸部や頭部の外傷が多い。

　ボールのつなぎ方として従来は相手に当たってダウンボールしサポーターがオーバーするのが主流ではあるが空間を走ることによりサイドタックルをさせる形になりボールキャリアはダウンボールせずリフト（手でボールを持ち上げる）、もしくは後ろのプレーヤーにポップパスをすることによりラック、モールができずコンタクトプレーを避けてボールの継続ができる。

　この継続プレーに対するディフェンスについての説明はここでは避けたい。Over60ではボールの継続によるトライを楽しむことがお互い最優先である。アタックを楽しむラグビーではあるが、この目的のため日ごろからグランドをカバーできる脚力、首周り、肩周りのトレーニングを欠かしてはならない。すなわち安全なラグビーを楽しむための日ごろの精進はかなり辛いものでもある。ラグビーをかつて楽苦備と置き換えた人があったが実に言いえて妙である。

2対1⑥　ボールキャリアからはなれてランニングコースをつくる

2対1⑦　ディフェンスがタックルポイントを定めたらサポートプレーヤーはボールキャリアに近寄る

2対1⑧　サポートプレーヤーはタックラーの背後を走るコースへ切り替え

Intelligent RUGBY

2対1⑨⑩　サポートプレーヤーはここで更に加速して走る

7．密集サイドでのアタッキングプレーヤーについて

　密集サイドでのアタッキングプレーヤーはボールキャリア、サポートプレーヤーともにディフェンダーとの間合いも近い、その為正面に立つことも多い。そこで考えてほしい、FWのアタッキングプレーヤーにとってどのようにしてボールを次のプレーの攻撃権に持続し有効にするのがベストかを！　そこに判断は3つある。(1)モールを組む。(2)アタッキングラックを形成する。(3)オフロードパスでディフェンスの裏側に出て次の攻撃を継続する。ボールキャリアの瞬時の判断と後ろからのコーリングがとても大切である。コーリングでタックルされた状況に対してリップかガットかオフロードパスかリフトかポップかを指示する。ラックを避けるリフティングやオフロードにより継続を行う。リップはモールを作る目的での働きかけ。ガットは手渡しパス。リフトはワンアクションでボールを掲げての手渡し。ポップは遅れたサポーターに対してパスを浮かせる。

第3章　Personal Skill Ⅱ（応用編）

■リップパス

　相手とコンタクト後、タックラーが中心にいて敵の選手が味方より速く絡んできた場合にモールを形成する。

　この際、くさびの状態になる選手に必ずパックに入る（相手から割り込まれないように！）。

リップパス①②　後ろのコーリングに反応する

リップパス③　オープン向かって内側、後ろの選手がくさびに入りやすい方向にコンタクト

リップパス④　低い姿勢でボールを落とさないように押し込みながら取る

リップパス⑤　壁になる選手も反転しながらバインドに入る。

リップパス⑥　敵の選手に割られないように内側くさび状態の選手方向に固める

057

Intelligent RUGBY

■ ガットパス

相手とのコンタクト後、敵の選手より味方の選手に速く継続してボールをつなぐことができる場合に手渡しする。

ガットパス① 後ろのコーリングに反応する

ガットパス② 後ろからのコーリング方向でコンタクトを取る

ガットパス③ コンタクト後、1歩踏み込みながらタックラーに壁をつくる

ガットパス④ パスをもらう選手は低い姿勢でお腹を見せて走る

ガットパス⑤ ボールを浮かすのではなくしっかりお腹に入れて手渡しする

ガットパス⑥ ボールを持って加速する

第3章　Personal Skill Ⅱ（応用編）

■オフロードパス

　ステップを切り、なおタックルを受けてもオフェンスの選手が走りきることでタックラーは遠心力で外側に振られてしまう。その後にフォローについている選手に向いて確実なパスをする。

　オフロードパスはタックラーを遠心力でサポーターの逆に振りより広いスペースを彼に作ること

図1

が主目的であるが抜ききるぐらい大胆に横に走りこむことが重要である。

　ランニングスキルの応用として10mのグリット（グリットは四角いスペースと考える）を作り、各コーナーABCDにする（図1）。コーンAとDの中間点に球出しのプレーヤーがいる。アタッカーとディフェンスは各々BとCコーナーを回り、グリッドに入る。ここで1対1の攻防を練習する。10mの空間の中でBは外に抜くのか内に抜くのかを、Aの動きを見ながら決断する。BはCからボールをもらうまでの動きが大切である。Bはへその向きでディフェンスにタックルポイントを予測させる必要がある。もちろん、このポイントは偽りのポイントである。(球出しのCの後ろには以下のD、E選手が待機する）この流れで全ての選手がアタック・ディフェンス・球出しを練

オフロードパス①　真っ直ぐに走る

オフロードパス②　どちらでもよいのでステップを踏む

オフロードパス③　タックルされてもなお、走りきる

Intelligent RUGBY

オフロードパス④　タックラーは外側に振られてくる

オフロードパス⑤　後ろの選手が大きくコーリングする

オフロードパス⑥　ポップパスで渡す

オフロードパス⑦⑧　ボールを持って加速する

習することができる。RからLにトレードして逆サイドのコーンBとC側の中間点からの球出しも行う。（アタック・ディフェンスのサイドを変えるのも一つの方法である。）この後、ディフェンスのポジションをボールキャリアの対側にする。この練習においてディフェンスはインサイドに抜かれてはいけない。ディフェンスは自分の立場を考えて練習する。インサイドをおさえながらタッチラインに押し出すイメージである。この練習はスペースの作り方、埋め方につきAとBに多くの示唆を与えるであろう。また、球出しのCは攻撃を左右するので、Bの指示に早く反応する必要がある。このメニューにプラスして、BのサポーターEを後ろにつけることで抜ききれない時にガットパス、リップパス、オフロードパスなど後ろからの声に応じて臨機応変に対応する練習も応用できる。ディフェンス側も時間差でDが出ることでオフェンスの相手にAを対し詰めさせたり、Aを待たしてA、Dディフェンスラインをそろえてプレッシャーかけたりとディフェンス側も後ろからの声に応じて臨機応変に対応する練習も必要である。この練習は極めて短時間での合理的な判断力を養う intelligent（知的な）メゾードである。

第4章
Fitness Practice

Intelligent RUGBY

　これまで述べてきたスペースを求める安全なラグビーを楽しむためには年齢に応じた運動能力や俊敏性を培う必要があることを理解されたと思う。これからわれわれが愛用しているFitness Practiceの一部を紹介したい。

1．マルコム

●使用スペース
Ｇランド、自陣敵陣10mラインとハーフラインのスペースを利用する。
●人数
何人でも可能
●実践方法
①真ん中ハーフライン伏せ　スタート

②自陣10mまでBuck走（着いたら伏せる）

第4章　Fitness Practice

③敵陣10mまでRun（着いたら伏せる）

④ハーフラインまでBack走（着いたら伏せる）

②③④の繰り返しを３往復で３回行う。
●所要時間とセット数
40代　３往復を60秒で３回　Rest30秒（４分30秒）
50代　３往復を60秒で３回　Rest30秒（４分30秒）
60代　２往復を60秒で２回
70代　２往復を60秒で２回
これをいずれも４セット継続することが望ましい。

※心肺機能向上のため／ダウンからの起き上がりの意識

2. 20秒タックル

● 使用スペース
タッチラインと5mライン、15mライン
● 人数
3人
● 実践方法
①A（赤ジャージの選手）がタッチラインからタックルバックC（白ジャージの選手）に向かってタックルをして5mラインまでおしこむ（Bが待機）。①を20秒間おこなう。

②20秒後の笛の合図で15mラインまでDash。
③10秒後に待機Bの選手がタックルバックを持ち、Cの選手がスタート。Aの選手は休憩。

●所要時間とセット数
1人30秒×4人1組　2分1回　×3セット（6分）が望ましい。

3．ラグビーサーキット

●使用スペース
ハーフラインと自陣10mライン
●人数
3人1組
●実践方法
①Push up（腕立て伏せ）　5回

②Abdominal（腹筋）　5回

③Back（背筋）　5回

④Squat（下半身） 5回

● セット数
各種目終了後、自陣10mラインまで折り返しDashを最後まで行うのが1回で3セット

4．シャープなステップを切るための要素

サイドジャンプ　瞬発力、体幹、下半身の強化。
● 実践方法
1.5m幅のラインを引いて、そのラインをふまないように練習していく。その時に軸足の足の甲を反対側の手のひらで触る。「右足が軸の場合、左手の手のひらで触る。そこから左側へジャンプして左足を軸にして右手で足の甲を触る。」を繰り返しながら前進する。

第4章 Fitness Practice

この際、ジャンプするときの腕と頭を振る反動を利用して反対側へすばやく移動する。

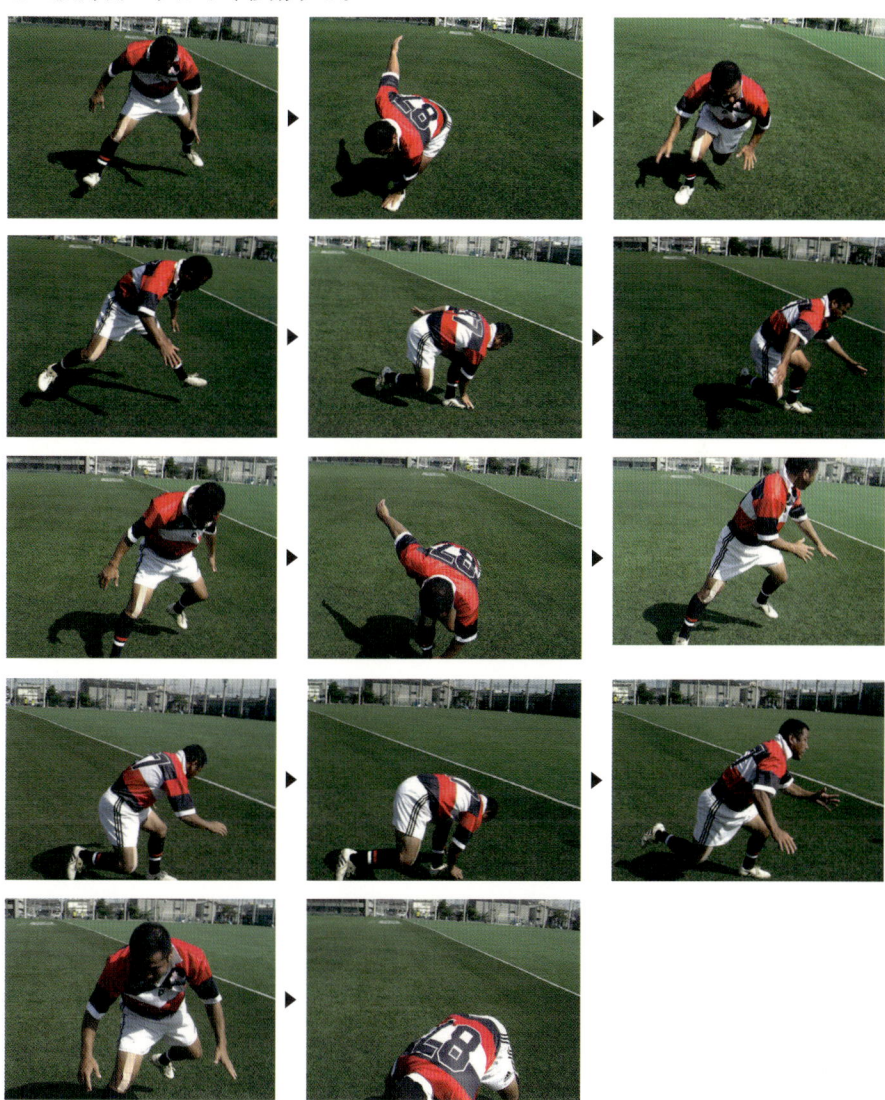

5．ターンを速く切り返すための要素

　試合中、急激にターンの切返しを迫られる具体的な状況とは何だろうか。
- ディフェンスの時にアングルチェンジをされたとき。
- サポートの方向が変わったとき。
- タックルポイントが急激に変わったとき。

などがあげられる。安易に相手にスペースを与えない、点を与えないことがお互いの深い楽しみのため重要である。

ターンの切返しを早くする方法
●実践方法

重心を残して軸足をついて、次に切返す方向の足に重心を残して、切返す足をついたときに、上半身（腕と頭と背筋）の反動を利用してターンをする。止まろうとした軸足を次に行く方向に足首を向けないようにして、上半身の反動を使う。（足の向きを進行方向に向けると、上半身の反動を利用できない）それによって求めるポイントへの到達スピードが得られる。

6．コロコロ

　歳を重ねるごとに下のボールに対して反応が鈍くなる。通常トップリーガーでもノックオンになるケースはボールを拾う時やパスを受ける時の腰を折った低い体勢に対応しきれずノックオンになることが多い。ほぼ毎日ボールを触り続けている学生や現役社会人でさえ低いボールには弱い！　それが週に１、２度の練習しかできないクラブチームの選手ならもっとノックオンになる確率が高くなる。そうならない為にも手で取れる範囲での高さや横への反応だけではなく低い位置でも反応ができるようにしなければならない。この練習はとても簡単ではあるが極めて効果的な練習である。

　まず姿勢を低くしボールを両手で転がしながら前に進むだけである。ただしボールが左右に転がらないように両手でコントロールしながらまっすぐ歩く。下へのボールに集中することとボールの転がりの予測をしながら下半身をトレーニングするのがこの練習である。この「コロコロ」の練習で普段不摂生で培われたお腹の肉が邪魔にならないようにボールを転がせるだろうか？　これのうまいプレーヤーは赤（60代）でも驚くほどノックオンが少ない、一方白（40代）でも腹が出ていたり上体の柔軟性に欠ける人はノックオンを頻発し敵味方よりからかわれることが多いのである。

第5章
年代での必要なもの

Intelligent RUGBY

1．多くの情報でプレーに生命を

　ラグビーの楽しさの１つに短時間に極めて多くの状況判断や戦略を考えねばならないことがあげられる。NHKの囲碁トーナメント（制限時間が短く迅速な判断が要求される）のスポーツバージョンである。そのためには広い視野で情報をより多く集める必要がある。得られた情報で瞬時に自分の行動パターンを決定していく。猪突猛進は安全なラグビーの面からは特にとるべき道ではないのである。アタックに際し、プレーヤーの判断の内容は、当たること・走ること・キックすること・パスすることの４つである。他のスポーツにはまずない判断の豊富さである。サッカーでは、当たることもできないし、投げることもできない。ここで若いプレーヤーに注文したいことはこの４つの手段をバランスよく自己の中で育てることである。よく見る情景として右に展開するときは必ず蹴るプレーヤーがいる。彼は左でうまく蹴れない場合もあるし、ランニングに弱点をもっていることもある。左右差のないテクニックが安全なラグビーのための条件である。この４つの手段はパスを受ける前にまず決定されているはずである。しかしボールが自分に向かっている時点でどれだけ相手の陣形、味方の状況を判断するかで選択肢は再び変わってくる。４つの選択肢の順番付けをしておき、状況によりプレーの選択をする。その組み合わせの連続でスペースを作り、ボールをスペースに運ぶラグビーをすることが安全なラグビーに繋がる。４つの選択肢は全員にあるので、各プレーヤーが優れた判断を示すことでディフェンスは多面的な防御を強いられることになる。これが面白いのであり、強引なプレーで突破することが面白いとは決して考えてほしくない。ディフェンス陣の目的は、相手の選択肢を狭め

るように、言い換えればキックなりパスなり単純な動作に追い込んでしまうことである。チームプレーとは１人のプレーヤーの判断が瞬時のうちに他のプレーヤーに感知され、プレーに反映されることである。具体的な例として2006年日本選手権準決勝トヨタ対早稲田大学の試合がある。個々の判断力やパワーはトヨタが優れていたと考えられる。しかし１つのプレーに反応する他の選手の感度は早稲田が明らかに勝っていた。チームプレーでの勝利であろう。

　サッカーのワールドカップが2006年行なわれた。コーナーキックに対してディフェンダーとアタッカーは知略を巡らし、声を出し、動き回りキッカーの対応をアクティブに引き出している。ラグビーにおいてもスタンドオフの判断にセンターウィングがもっと積極的に絡んでいくべきである。花園ラグビー場で行われた2006年４月２日の惑惑RFC対不惑RFC（オーバー40）において惑惑のスタンドオフ浅田がセンターへのパスを選択していた。その直前、フルバックの指示で背後へのキックに変更した。その空間に蹴られたボールは惑惑のフルバック長岡によりトライとなっている。前述の試合のような歴史に残るビッグゲームではないが、参加した敵味方のプレーヤーにとっては一生忘れられない楽しいスペースラグビーとなったのである。この試合では不惑にも随所にこのような瞬時に判断を変えるプレーが見られシニアラグビーの歴史に残りうる名勝負となった。

注１　**安全なラグビーを妨げる２つの要素について**
　　　ハイタックルやレイトチャージは自分にとっては危険なプレーではないが相手には極めて危険な行為であり、重篤な事故を引き起こすおそれがある。

注２　**高齢者のヘッドキャップの重要性について**
　　　（もちろんあらゆる年代に重要なことでもある）

60歳以上の人の脳は縮小（萎縮）しているため、頭蓋骨との間にスペースが出来ている。このため、比較的軽い頭部の衝撃でも硬膜下血腫などを起こすことが稀にある。若いプレーヤーの脳震盪にはスピードが伴うためヘッドキャップで防止しかねる回転による衝撃も稀にはあるが、スピードがゆるくなったシニアラグビーではほぼ完全に優れたヘッドキャップで防止できる。プレー中に脳震盪を起こした選手は試合をやめさせ、2週間は試合に出ないようにする。同じゲームで繰り返し頭を打つことが大きな頭部外傷に結びつく可能性が指摘されている（Second impact syndrome）。脳震盪の除外診断は最低限2種類のチェックが必要である。意識はしっかりしていてもここがどこであるか、今日は何曜日であるかなどが答えられない逆行性健忘症がないこと、片足立ちをさせ軽く左右に押してみてバランス機能がしっかりしていることである。極めて短期間でも意識障害があればグランドから退出させる。

　安全なラグビーを目指すには参加者全員に人生は一度だけ、ゲームは何回もあるということを理解していただく必要がある。実際には惑惑RFCにおいて脳震盪はきわめて稀にしか起らない。全員に安全管理の意識がいきわたっていることと、多くの方々の努力、関係団体のご好意でほとんどのゲームが芝（人工芝を含む）で行われていることがその理由である。

2．ラグビーは年齢によって変わらない、しかしレベルに応じたフィットネスが必要である

　たとえば、東京不惑クラブのみならず世界の財産とも言うべき守田氏は92歳でプレーをされている。
　一方では4歳の少年少女たちが縦横無尽にラグビーを楽しんでいる。そこに流れるのは年代を超えた共通のラグビースキルである。基本的にはラグビーを楽しむことから始まり、楽しむことで終わるのである。しかしラグビーは勝敗や記録を主の目的として行うチャンピオンスポーツの要素も持っている。
　頂点に立つ現在の全日本ラグビーは急速にその戦法を変えているようである。前回はフランスのジャン＝ピエール・エリサルド監督を迎えフランスW杯に向けて出発したが監督が2重登録を行ったため、W杯前に急遽、元ニュージーランド代表ジョン・カーワン氏が就任。6ヶ月という短い期間の中で調整をおこなった。カーワン氏の考えはラグビーの特徴をうまく活かすものである。ニュージーランドやオーストラリアのように体格に恵まれたチームは、より確実に地域をゲインするため、スクラムサイドやモール、ラック等を基点としたコンタクトプレーからゲームを展開する。日本人は体に恵まれておらず不安要素がある。しかし日本人の特徴を活かしたことを引き出すことで日本のラグビーを刷新しようというものであろう。その結果、ベスト8入りのフィジーと後半の終盤ロスタイムまで僅差の接戦ができカナダには勝ちこそは逃がしたものの引き分けに持ち込む事ができた。

Intelligent RUGBY

3．年齢による聴力・視力の衰え、もっと厳しく言うと思考能力・判断能力の衰え

　多くのシニアは息が切れるようになった・腰がいたい、足がつる等の会話を日常交わしている。無意識のうちに状況判断が鈍くなった、よく聞こえないというような会話は避けているようである。しかし、オーバー40のラグビーでは五感の衰えに目を向けてみたい。年をとってへたらないのは口だけ、というのは一番避けたいのである。年齢とともに、目の動態視力や分解能力は低下する。一流選手の疾走中の視野角は120度以上であり背後以外はほぼ全域を見ることができている。多くの選手のそれは90度くらいではないだろうか。練習中も意識的に首及び上体を振る（スネイク）ことによって盲点をなくし、視野を広げる必要がある。多くの情報の中でまずは重要なトイメンの動き、そのサポーターの動き、味方の布陣の状態を判断する。　さて読者は、デフラグビーについて読まれたり聞かれたことがあると思う。デフ（deaf）とは、聴覚に障害があるという意味の形容詞で、聴覚に障害のある人たちが行なうラグビーを、デフラグビーと呼んでいる。ラグビーは意外に音を大切にするスポーツなのである。自分の後ろにいる人にしかパスできない、特有のルールをこなしていくには、仲間同士で声を掛け合うことが大切で（これは、コーリングという重要なテクニックの1つとされている）、声をかけないでプレーすることは大変難しい。また、反則などでプレーを止める必要が生じた場合、レフリーはホイッスルを鳴らすが、その音が選手に届かなければ、試合は止まらず、それによって混乱が生じ、試合が無秩序なものになりかねない。

　そんなラグビーに今、聴覚に障害をもつ人々（デフ＝DEAF）が取り組んでいる。デフラグビーは、90年

代にニュージーランドから世界に広がったスポーツで、ウェールズ、オーストラリア、フランスなどに国代表チームがある。02年には世界大会が開かれ、日本はエントリーした7人制ラグビー部門で準優勝という快挙を成し遂げた。聴者のラグビーと比べて、ルール上の大きな違いはないが、レフリーの笛の音をわかりやすくするため、笛を吹くと同時に旗を振るなどの工夫が凝らされている。彼らは視覚に大きなウェイトをおいてプレーしているのである。将来的にはヘッドキャップに受信装置を内蔵させ、骨伝導によりレフリーの指示が個々の選手に伝えられるようなシステムの作成が望まれる。このシステムが完成すれば聴覚にハンディキャップを負った人々がより安全で高度なラグビーを楽しむことができるであろう。

　この装置を日本の企業が世界に先立って作り出していただきたいものである。このようにすべてのラグビーでいかに上手く意思を伝達し合い、チームプレーをこなしていくかが、勝負のカギを握っているといえる。優れたレフリーの笛には豊かな表情がこめられていることを、ラグビーを見た方であれば理解していただけるであろう。試合開始の音色、終了の音色はまったく違う。前者は長調であり後者は短調であることが多い。

　自分がルールを破りレフリーにとがめられた厳しい音色は長く自分に残っている。そういう意味で笛は音楽的でもあるし優れた教師の言葉のように心に残るものでもある。その感覚をデフラグビープレーヤーにも味わっていただきたい。昨年の三惑大会でレフリーの終了の笛を聞いた途端思わず涙がこぼれた。きっちりしたタックルができず仲間に迷惑をかけた自分に対しての涙であった。夕日のなかで空高くプレーの終了を告げたあの音色は今も耳に残っている。レフリーはこの日のために迷惑クラブさんが東京出張を切り上げて招聘された方（A級）であり、これぞラガーの最高の贅沢であり、生涯のかけがえのない思い出でもある。

第6章
各年代のラグビーとは

Intelligent RUGBY

1．子供のラグビー

　数年前に、「少年期のラグビーの実態調査」を行った。この中で、ラグビーをやり始めたきっかけはという問いに対して、「おもしろそうだったから」という回答が圧倒的に多かった。全国で主に日曜日に行われているラグビースクールでの子供たちを見て本当にラグビーは安全で楽しいものであると多くの方々が感じられている。しかし、そのおもしろさを充分理解できないまま、その後受験とか塾とかでラグビーから遠ざかっていった若者も少なくない。毎年暮らしにくくなっている日本ではある程度仕方ないともいえる。それでも最近の中学生大会や高校新人大会でのプレーのレベルの高さは私には信じられないものでありラグビースクールの効果はすばらしいと感じるのである。勝敗にも気を配り、指導する立場にある方々にとっては最も難しいところであるが、生徒たちが、明日はこんな練習を、次のゲームではこのような技術を、明日もやるぞ、という意識が芽生えるようなコーチングを行う努力をこれまで以上に続けていただきたいものである。1997年3月花園ラグビー場において市制施行30周年を記念して東大阪市の主催で世界の国々（大韓民国、オー

第6章　各年代のラグビーとは

ストラリア、カナダ、ウエールズ）の中学生達が春休みに集まり親善試合が行われた。筆者は医務担当役員として全試合を見ることができた。子供たちの繰り広げた明るくエネルギーに満ちたすばらしい2日間であった。写真の日本人中学生の展開も素晴らしいがオーストラリアの子供の可愛いながらも不敵な面構えでのディフェンスに将来の名選手を感じた。主催された東大阪市のアイディアとご努力に敬意を表するとともに、もう一度あのような世界の子供たちのプレーが見れたらと願っている。

　尚大きな怪我はゼロであった。ゲームでは日本の子供たちの強さセンスの良さが際立っており、オーストラリアやウエールズの子供たちがどうしてこんなに日本のプレーヤーは上手なんやと小声で話し合っていたことを今も思い起こすのである。

　この親善試合を見て子供に対しての日本のラグビー指導者は極めて熱心であり優れていることを筆者は実感した。年末年始にかけて花園ラグビー場において全国高校ラグビー大会が開かれる。この大会の質そして運営の確実性は世界に類を見ない。高校の指導者もまた少年期の指導者同様優れていることがわかる。

　そしてイギリスの子供たちは小さい時から楕円球に親しんでいるからセンスが違うということは当てはまらないことも実感した。

2．成人のラグビー

人間の本質の一部にあくなき闘争本能がある。

しかし闘争本能とは何なのかをプレーヤーが深く考える必要がある。相手をハンドオフでのけぞらせてスペースを作るのは最も原始的な闘争であり、少なからぬプレーヤーが一時期魅了されるスタイルでもある。しかし、こうして作ったスペースに比較して、本書でいうボールゲームで作ったスペースは桁違いに楽しい展開を敵味方に与えてくれるのである。写真において相対する2人の目の動きを想像していただきたい。目の動き1つで空間のきっかけができるのである。ディフェンス側は筆者の1人井崎である。この2人の間では無理は通らないという共通の認識があり事実早い展開が行われた。

壮年期のラグビーにも社会人トップリーグのレベルもあれば、経験の乏しいラガーを含めての同好会もある。大学生のラグビーについても関東・関西のリーグの最上位のチームもあれば小人数でラグビーを追及しているチームもある。トップレベルのチームについ

2007年度大阪府社会人選抜対クラブ選抜（花園ラグビー場）

第6章　各年代のラグビーとは

ては多くの紹介がなされている。本書において後者の一例として京都大学医学部ラグビー部をとりあげてみたい。医学部は1学年100名であり、その中でラグビーをするのは3～4名であるから、部員数は20名前後である。しかし、彼らのラグビーに対する情熱は熱く、過去3年間で2回の西日本医学生大会において優勝を果たしている（他の1回はベスト4）。このチームの重要なコンセプトとして激しい闘志でゲームを行うが、部員が少ないため怪我は許されないのである。このチームを過去3年間にわたり筆者の長岡が指導してきた。いかにコンタクトを減らしスペースを作るかという長岡の考え方を学生が良く理解してくれたのが戦績にもつながっていると思う。このチームがこれからも厳しい学業の中で部員を集めていく為には、筆者の言う安全なラグビーを維持していくことが重要である。社会人のクラブチームの一例として医師で作っている関西ドクターズRFCがある。年間約30試合を行っているが、会長の常深医師を含め多くの医師が協会の医務委員としてラグビー現場でのケアをしながら自らもプレーを続けている。昔から全員にヘッドギアの着用が義務付けられていることも彼らの安全なラグビーへの思いいれが伺える。

京大医ラグビー部を指導する長岡

関西ドクターズRFCシニアメンバー。田頭前会長を囲んで

Intelligent RUGBY

3．Over40のラグビー

「男四十にして惑わず」の言葉どおり、20年にわたってラグビーを正面から見つめてきた人間にとっては新しい視野が広がる時期である。この感覚を大切に、これまでのラグビーからスペースラグビーに変貌していく必要がある。成人ラグビーとの際立った差は、まずディフェンスにある。ディフェンスに潜む攻撃性が、青春時代からのラグビーの本質であった。しかし、不惑の年代を迎えたときから、ラグビーの本質は幼少の時代へ飛翔するのである。すなわち、ラグビーはボールゲームなのである。Over40ラグビーは点取りゲームとしてより安全に楽しみたい。勝敗よりプレーの質にこだわりたい。しかし、楽しむためのフィットネスは、怪我の防止に役立つとともに、質の高いゲームをエンジョイするための重要な要素である。子供のラグビーにおいて稀なことではあるが指導者が「勝ち」に

こだわることは、点取りゲームの楽しみから遠ざかる原因であった。同様に、Over40のプレーでも勝ちにこだわりすぎることはシニアラグビーのゲームの本質をスポイルする。元フランス代表のジャン＝ピエール・エリサルドが語った有名な台詞「ラグビーは少年を最も早く大人の男に育て上げ、そして最後まで少年の心を失わせないスポーツだ」を心に刻み知的なラグビーを楽しみたいものである。

　集合写真（モノクロ）は50年前の対抗戦（甲南高校：灘高校）後である。試合に際してのキャプテンの言葉は大人の男のものであった。集合写真（カラー）は最近の年頭の試合後のものである。少年時代の如く心躍るひと時であった。

4．Over50のラグビー

　日本社会の重みは50代の人々に重くのしかかっている。この中で、真摯にラグビーを追求し、楽しむことは容易なことではない。この時期では緊張感のあるラグビーを追及するのに劣らず大切なことがある。それは怪我をしないことである。したがって、ディフェンス、アタックの影には彼の家庭への配慮、仕事への配

慮が潜んでいるのである。年代相応の脚力、フィットネスを備えていないと相手の強引なプレーを誘発することもありお互い危険である。この年代ではウィークデーのトレーニング、フィットネスが他の世代とは違う意味を持っているのである。仕事の疲労の後のトレーニングは朝より蓄積効果が強いことを陸上競技の研究者が指摘している。40代より何とはなく疲労の抜けが悪いのに気づく年代でもある。

　Over50のメンバーには２つの意識がある。１つはOver40のように若い選手と同様のラグビーに拘り、激しいラグビーを常に心がけること。もう１つはOver60に近づき怪我なくラグビーを楽しみたいことである。これらの相対する意識を持ったフィフティーンで構成されるがためにチームコンセプトがはっきりしないゲームがしばしば見られる。この問題を解消するのは非常に困難なことである。ただラグビーという原点に戻るとスペースを走ること、コンタクトすること、タックルすることなどをより理解し深く楽しめる最後の時期かもしれない。若い人に負けないということを追求するのではなく、厳しさと老境の合間につくる燻銀のような輝きを放っていたいものである。このような優れたゲームを続けるためには、社会生活と同様ラグビーについてもトレーニングやコンセプトについて厳しい課題がのしかかっている。この年代は気を緩めると過去の名選手も急激に筋力や体力はもちろんのこと、ラグビーセンスさえも失っていく時期である。ここですべてのプレーヤーに新たなチャレンジのチャンスが訪れているのである。過去芽の出なかった選手が50代半ばで頭角を表すことは稀ではない。しかし１人ではこのチャレンジは成功しない。チームとしてこの姿勢を堅持する必要がある。具体的な例をあえて挙げれば2006年の不惑の紺がそれに相当する。写真の紺パンツのプレーヤーのフォームや顔の輝きを感じ取ってほしい。晩秋の夕暮れに映える紅葉ともいえる。優

第6章　各年代のラグビーとは

惑惑 vs 不惑

れた50代は実は優れた60代を育てるのである。数年後に彼らが参入してくることを目のあたりにした赤パンツのプレーヤーは、弛緩しかかったラグビースピリットに喝を入れることになる。2006年早春に来日したカナダエブタイトの紺も厳しさの中に熟成したラグビースキルを我々に見せてくれた。

　年代または職種により言葉では言い表せない精神的な圧迫を感じる世代がある。Over40ラグビーではこれに相当する年代は紺パンツをはいている50歳代であろう。そういえば色合いも控えめである。ブルーな時代なのかもしれない。社会的にももっともストレスの加わる年代であり、家庭内でも子女の受験・進学が控えている時代でもある。しかしこの時代になお、ラグビーに熱い情熱をたぎらせていることについてまずエールを送りたい。この時代を通り越して、ラグビー人生最後の花である赤パンツ（勿論情熱を持続できる人には黄、そして藤色が続く）の時代が始まるのである。

5．Over60のラグビー

　日本社会において、自営の人々にとってはあてはまらないことではあるが、60歳で多くの人々は日々の業務から解放される。したがって、60歳は肉体的には下降線をたどっている引き潮の時代ではあるが、時間的には今一度ラグビーを見直し、より楽しいラグビーをめざすことができるエポックである。ここで、繰り返したいのは双方が楽しめるラグビーであり、遠い過去やOver40への郷愁であってはならない。

　Over60のプレーヤーの大部分は格闘技としてのラグビーを続けてきた。スペースを作るためにまずディフェンスにあたることから展開を始める傾向がある。意識としてはまずスペースに向かって走りこむのであるが、意識下においてはコンタクトを意図している。この習慣から脱却することが基本となる。具体的にはサイドアタックについてもコンタクトを避けてフェイントにより空間を創造する意図を極めて短期間もつ必要がある。これは後ろへ下がる優柔不断なプレーではない。かつては個人的能力で空間を創造したNo.8も還暦を迎えると能力は低下している。ここでハーフとのコンビを存分にいかすことでかつては1人で行っていたプレーを再現するのである。ゲインのチャンスがあるからサイドをつくのである。バックスのサインプレーにおいてもポイントを創りにいくサインではなく、バックスラインの空間を突破するサインプレーを選択する必要がある。常に空間を見つけゲーム展開していくことが重要である。

　Over60ラグビーにおいて、空間を創るためにもっとも有効な方法はロングパスである。赤のプレーヤーが現役時代にスクリューパスはなかった。したがって通常は確実なショートパスをバックスも選択している

第6章　各年代のラグビーとは

ことが多い。この場合必然的にコンタクトプレーが引き続き起こってくるのである。ミスを恐れず果敢にロングパス（当然スクリューパスを全員がマスターする）を基本戦略としたい。ディフェンスはロングパスが作り出す広い空間をカバーする脚力をすでに失いつつあるからである。ロングパスについて強調しておきたいことは、サポーターがインサイドにカットすることによりミドルパスに変身し、また、アウトサイドにスワーブすることにより超ロングパスとなることである。この場合上体は常に正対していることが必須である。また年齢とともにディフェンスの体の柔軟性が衰えていることも考え、スペースの開いたところへのキック（グラバーキック）が有効である。写真（上）は筆者が2006年のカナダ遠征時のキックによりスペース

Intelligent RUGBY

をEvergreen RFC（EG）の背後に作った写真である。

　このグランドで筆者は過去計3回にわたり親善試合を楽しませていただいた（惑惑RFCとしては7回）。写真はゲーム終了後のレフリーを囲んでの集合写真である。その背景に見えるクラシックな建物はEGのクラブハウスでありゲームの後親善パーティがいつも行われた。お互い真っ裸になりシャワーで汗を流した後のビールでの乾杯、そして尽きることのないラグビー談義は生涯の貴重な思い出に全ての遠征のメンバーにとりなった。写真はその前日VictoriaのPanpacificホテルで筆者が主催して行ったEbb Tide RFCの赤の皆さんとのRugby conferenceでの記念写真である。巨漢ロックのBOB LOVE氏（写真右より2人目）が世話役をしてくれた。安全なラグビー、楽しいラグビーに加えて彼らが強調したのは品性のあるラグビーでもあった。約3時間に及ぶディスカッションでラグビーを支えるカナダ社会の底力についても得るところが多かった。たとえばラグビーをする学生にはカナダ歯科医師会との協力で無料でマウスピースを配布している。品性という点でもカナダのシニアラグビーはわれわれが目標とすべきと感じている。筆者の右横のMcFarlane氏は優れて強力なセンターで筆者がゲームで抜き去られたプレーヤーであるが、プレーを離れると優しい方で記念にと山中の小川に出かけて見つけてきた美しい数々の小石をプレゼントしてくれた。彼と再度ゲームをする機会に恵まれた時は膝を踏み込み押し込む安全で合理的なタックルで挨拶をしたいものである。筆者は英語に堪能なわけではないがEGやEBの人々はこのスピ

ードでこのレベルの語彙を使用すれば日本人である私が理解できるという認識を持ってくれていた。実にラグビーとは思いやりのスポーツであると感じた。

6．女子ラグビー

　日本の女子ラグビーフットボール競技の普及と振興を図り、女子ラグビーフットボールの健全なる発展に資することを目的として、1988年に女子連盟が創立された。すでにワールドカップには3回出場している。現在ではユース部門も発足し、小さいころからラグビーを楽しんできた女子たちが将来女子日本代表となり世界と互角に戦えるように、そして、体力・身体的に男の子と一緒にラグビーができなくなったとき、ユース活動を通じて女子ラグビーの存在を知ってもらい、女性の中でラグビーを続けてもらう活動も行なわれている。

　小学校までは女子は男子生徒と同じフィールドで活躍できるがそれ以降は女子のみのラグビーに移行することが合理的である。身体的特性に合わせてプレーを楽しむということは男子の場合にも考慮すべきかも知れない。

　私は女子ラグビー大会の医務委員として出務することがあるが中学生のラグビーと同様無用なコンタクト

の少ない試合が展開されて1日観戦しても飽きることがない。また外傷が少ないこともレベルの高さを表している。

7．シニアラグビー

■シニアラグビー（仮）競技規則
これは規則という形をとって紹介しているが、実は40代の人が60代とともにプレーをするときに、どのようにすれば一番楽しいかということにのっとって書かれた規則である。若い選手が入るときにも若い人はそれなりの特殊な技能が必要であることを紹介する。メンバーが不足するときにも行える楽しく安全なラグビーへの提案である。

1． シニアラグビーとは、"40歳以上のプレーヤーで構成されたチームで行うラグビー競技の総称"である。
2． フィールドはIRB競技規則に準ずる。
3． ボールはIRB競技規則に準ずる。
4． 競技規則はIRB競技規則に準ずるが下記内容の追加をする。
5． グランドは可能な限り、天然芝若しくは人工芝とする。
6． 試合は年齢別で行うものとする。
（40代／白パンツ、50代／紺パンツ、60代／赤パンツ、70代／黄パンツ、80代／紫パンツ、90代以上／ゴールドパンツ）
7． 試合は13人で成立し、No.8／CTBの順にポジションを抜く。
8． 交代選手は自由とする。
9． 試合時間はその都度当事チームにより決定する。

10. 20分以上の試合では必ずウォーターブレイクを入れる。
11. 20分以内の試合であってもレフリーと協議しウォーターブレイクを入れる。
12. プレーヤーはマウスガード、ショルダーガード、ヘッドギアを出来る限り着用すること。
（原則ヘッドギアはパンツの色に合わせる。1、2年後パンツの色が変わる方は上の色でも可）
13. 70歳（黄パンツ）以上のプレーヤーは必ずヘッドギアを着用する。

【年齢混成のゲームの場合】

1. レフリーは試合前に両チームのメンバーを集めローカルルールの確認をする。
2. 両チームは年齢の人数配分とポジションを出来る限り同じにする。
3. 年下のプレーヤーは年上のプレーヤーにタックルしてはならない。（ディフェンスはホールドとする）
反則（ペナルティー）
年上のプレーヤーとは、白パンの場合は紺パン以上、紺パンの場合は赤パン以上、赤パンの場合は黄パン以上とする。
4. 年下のプレーヤーは年上のプレーヤーに自ら当たりに行ってはならない。
反則（ペナルティー）
5. 年下のプレーヤーはゲインを突破した際、10m以内にパスをしなければならない。
反則（相手ボールスクラム）
6. スクラムはノーコンテストとする。
7. 3パンツ以上の混成試合ではスクラムサイドアタックは禁止とする。
反則（相手ボールスクラム）
3パンツ以上の混成試合ではラックへの突っ込

みは禁止する。

反則（ペナルティー）

8. 3パンツ以上の混成試合ではペナルティーを得た際、FWラッシュは禁止とする（ポイントアゲイン）。

9. 40歳に満たないプレーヤーのパンツの色は緑（やむなく参加する場合でも35歳以上）とする。

10. 40歳に満たないプレーヤーはタックルしてはならない（ディフェンスはホールドとする）。

反則（ペナルテイー）

11. 40歳に満たないプレーヤーは自ら当たりに行ってはならない。

反則（ペナルテイー）

12. 40歳に満たないプレーヤーはボールを持ったら10m以内にパスをすること。

反則（相手ボールスクラム）

悪意のあるプレーに対してはプレーヤーの安全を守る意味からもシンビンではなく、退場を求める厳しさが必要である。この場合、選手交代は認め、安全のため同じ人数でのゲームを続行する。

【その他の案】

例1　3パンツ以上の混成試合ではトライの得点を40代…1点、50代…3点、60代…5点、70代…7点、80代以上10点とし、トライ後のゴールは入れば2点とする。

例2　3パンツ以上の混成試合では白パンツから白パンツへのパスは禁止する。

反則（相手ボールスクラム）

第7章
安全なラグビーとは

1．安全なラグビーには２つの要素がある

　自分にとって安全なことと同時に、他のプレーヤーにとっても安全なことである。（アタックプレーヤーとディフェンスプレーヤーの双方から見て）シニアラグビーで重要なことはいかにコンタクトを減らしてゲームを楽しむかであるが、各年代でラグビーを始めるにあたって、正しいタックルの練習とタックルされたときの倒れ方の練習をすることが必要である。殆どの方が経験者であるが、その基本を忘れがちである。タックルしたときの怪我より倒れ方による怪我が多くなる。シニアでは今から体を鍛えなおすことも大事であるが、安全なプレーの選択を重要視すべきである。確実なタックルをお互いがすることでゲームから非合理的な乱暴なプレーが姿を消してくれる。

2．熱中症の予防

　残念なことに日本でも稀ながらラグビープレーヤーの死亡事故がある。大多数は予防できるものである。最も起こってはいけない事故に熱中症がある。昔、日射病と呼ばれたものであるが、気温だけによって起こるものではないので、熱中症と現在は呼んでいる。人間には体温を一定に保とうとする機能がある。その最も重要な中枢は脳（視床下部）にある。この中枢が高熱や脱水（発汗、下痢など）で一時的に機能破壊されると人間の身体は発熱体となり、体温は40度を超える。この手前で治療を開始せねばならない。人間の身体はクラゲと大差ないと考えたい。脱水が起こるとひからびてしまう。まず、水分補給（水及びスポーツ飲料）

をこまめに行なう必要がある。

　指導者に注意してもらいたいのは逆に練習において急速に水分を過剰に取りすぎていないかでもある。過度に急激に胃の中に水を入れることはかえって水分補給を妨げる。胃が過度に伸展しないためには適量の水を頻回に補給する必要がある。夏のみならず常時水分補給システムがチーム全体でできているかどうかをチェックしたい。

　熱中症は身体だけの病ではない。精神状態も急激に変化を受ける。プレーの判断がおかしくなることは身体のバランスの崩れと共に、重要な熱中症の兆候である。意識レベルが正常な初期の状態においては日陰で頚動脈（首）、大腿動脈（鼠径部）、腋窩動脈（腋）かのアイシングである。熱中症を疑う場合水分の補給は極めて初期のうちは重要なものであるが、少し進展した熱中症の初期になるとすでに嘔吐中枢が亢進しており、経口的には不可能なことが多い。救急搬送後高次救急施設での点滴による体液管理（脱水電解質以上の補給）が必須である。

　すべての競技でこうなる前に選手相互・指導者・家族が気づくことが必要である。前日または当日も下痢をしている選手は熱中症予備軍とみなしたい。軽い状況には大多数のスポーツで実は多くの選手が一時的にさらされるのである（長距離レースでは秋冬でも発生する）。この時点では水分補給（希釈したスポーツ飲料及び水分補給）と日陰での休息で回復する。フィールドプレーにおいてもこの状況は当然起こるわけであって、選手一人ひとりが自分の身体を客観的に観察できる能力を開発することが必要である。自分の心臓の鼓動、そして意識レベル、そして平衡機能、プレーに自分の意識を集中できるかどうかである。自分のコンディション精神状態を敏感に感じ取れるようになることが優れたスポーツ選手として成長していくために必須である。筆者は高校時代自らがキャプテンをしてい

る時期熱中症で入院した苦い経験がある。典型的な症状としては四肢が曲がったような異様な感覚に襲われた（小脳失調）。50年前であり試合中ウォーターブレイクの習慣はなく、自分が相手チームと交渉して設定した真夏の午後の試合であった。半世紀を経て熱中症の危険性が充分指導者に認識されるようになった。少しでも熱中症を疑った場合救急施設での点滴による体液成分の補給（腎不全を含む内科的な疾患に進展することを防ぐ）が鉄則である。熱中症予防に関してはなんと大げさなと家族の方にあきれられる指導者が増えることを願っている。

　ラグビーがもっとも安全なスポーツの１つになって欲しいためである。夏のゲームは原則的に行うべきでない。

　熱中症指標計が数社より販売されている。人体の熱発散の障害因子である気温、湿度、輻射熱からなる暑熱環境指数（WBGT値）を測定しこの値が25以上の場合は危険なのでゲームは行うべきでない。温湿度環境に対する抵抗力は個人差が極めて大きい。そのシーズン一度熱中症に陥ると極めて容易に再発する。事実私は大学入学時炎天下自己トレーニング中再度熱中症に襲われラグビーを一時的に断念した経験を持っている。以降は常に自分の意識状態に細心の注意を払い約45年間続けてきている。

３．素直に倒れる勇気

　たとえば、膝より下に優れたタックルを受けたとき（特にサイドタックル）、筆者の長岡は軽くジャンプする感覚をもって倒れる。この様な多くの技術により彼は高校１年（津山工業高校）からレギュラーとしての大学（専修大学）・社会人（ホンダ技術鈴鹿　元全日本代表）

第7章　安全なラグビーとは

を通して20年間公式戦全試合出場している。ラグビー界の衣笠（元広島カープ）とも冗談で呼ばれていた。今でいうなら阪神の金本選手のような怪我の少ないプレーヤーであった。プロ野球の彼らとの相違点は長岡が全日本代表時代65kgと軽量であったことである。優れたタックルに対して素直に倒れる勇気は怪我の防止の為にも重要なことである。パワーのある選手は倒れないことを自分の誇りとしがちであるが、自分の意図しない様なタックルをされた場合は「素直に倒れる勇気」が大切である。筆者の井崎も東海大仰星高校、大阪商業大学、ニュージーランドへのラグビー留学を通じてゲームを休まねばならない怪我は無い。筆者の土屋は他の2名のような優れたプレーヤーではないが高校、大学を通じて熱中症を経験しているが仕事を休むような他の外傷は50年間無い。大学卒業後勤務を休んだのはマラソン中の熱中症の1日だけである。ラグビーを持続することは健康管理に有益であると3人を分析して医学的根拠はないが感じるのである。

　ゲームには出られても、またチームメートには分からなくてもプレーの妨げとなる小さな怪我がある。小指1本の脱臼でもパスの正確度は半減する。ボールをリリースするときや、キャッチングするときの指の役目は驚異的でさえある。1度10本の指を自分の子供と考えて各々の個性に目を向けてもらいたい。指の外傷はタックルのときスパイクされることで起こることもある。タイミングの遅れたタックルで相手のジャージや短パン、スパイクの紐に指が絡み脱臼や骨折が起こる。タイミングのよい肩が相手に密着するタックルを目指すことがまず第一の予防である。よく滑り、体に

タックル瞬時に飛んでる写真（タックルを受ける際に宙に浮く時に入られると体は無理をしない分、怪我が少なくなる。ここでタックルを堪えてしまうと耐えている分、怪我が多くなる

099

Intelligent RUGBY

　フィットしたジャージ、そして柔らかいパンツは相手の外傷をも予防する。ちなみに、2007年ラグビーワールドカップフランス大会で使用されたオールジャパンのジャージ素材は超強力糸BRABER®とCCC TECを採用。BRABER®は従来糸と比べ1.5倍の強力性を実現。またオリジナルの素材設計でストレッチ性、軽量性、吸汗速乾性にも優れるハイテク素材である。そしてCCC TECは抜群のストレッチ性で運動追随能力を向上させる。この2種類の素材をコンビネーションで使用し、最高のパフォーマンスを引き出した。一般のプレーヤーである我々もジャージ・パンツの素材には気を配り、相手の選手の保護に気を配りたい。手先だけのミスタックルには当然それを跳ね返すことも必要である。片足のときに受けたタックルに対しては特に足の保護が必要であり、倒れた後でのボールの処理を考える。タックルされた瞬間にこのような行動ができるためには練習中より反射的な動きを培う必要がある。片足のときのタックルに対しては、そのエネルギーを吸収しながら倒れてやる必要がある。キックの際、チャージを感じるときはジャンプしながら蹴る（軸足を地面につけない）。さらに、蹴り足も膝を折り込む必要がある（伸びきった膝はタックルに対して枯れ木のようにもろい）。優れたタックルに対しては素直に反応し、ボールの継続を考えたプレーに専念する。

　幕末において明治維新という大きな時代の流れに逆らう人々があった。今考えると、彼らにはより柔軟な姿勢があれば新時代に個性を発揮できる人生があったのではないだろうか。個人の美的な生き方としては優れた対応であったかもしれない。ラグビーにおいてもゲームの流れに逆らうことは新撰組のようなことであり、避ける必要がある。もっとも人生においてはあまり頻繁にスタイルや生き方を変えることは信頼を損なう恐れがある。しかし、ラグビーにおいては状況の変化に対して迅速にプレーを変更する必要がある。たと

えば途切れることのないパスプレーは基本となるものであるが、味方のプレーヤーがパスを受けてもプレーできないような場合にパスをすることはサポーターの怪我の原因となるし、パスを受けた選手は判断する機会を既に奪われてしまっている。この場合、何よりもパスを強制されたプレーヤーの気持ちになってやりたい。パスの基本はいかに味方に判断する時間を与えるかである。ラグビーとは思いやりのスポーツである。

4．怪我なくラグビーを続ける為に
（変更を加えて惑惑新聞よりの転載）

　ラグビーはコンタクトスポーツの要素もあるので軽度の外傷は避けられないのであるが、日頃のトレーニング・試合の心構えで防げる怪我が多い。心疾患や高血圧症などの生活習慣病をしっかりコントロールしておくことも重要である。外傷には短期的な治療で回復できるもの（打撲、肩鎖靭帯損傷、肉離れ）もある。しかし膝関節や頚椎の外傷のように長期間にわたりプレーの障害になる手強いものもある。今回は外傷の予防を中心に述べたい。

　ラグビーは広い範囲での戦いである。したがって相手・味方の動きを広い視野で見よう。練習の時からできるだけ多くの人間を視野に入れて動こう。視野角120度は必要である。背後の気配も感じよう（耳を澄ます、熱くなりすぎない）。一番よく起こる肩鎖靭帯損傷（鎖骨が持ち上がる）は後ろからタックルされ前へ転倒することにより発生することが多い。タックルされた時腹を上向きに倒れこまないこと（肋骨骨折が起こりやすい）。膝は多くのラガーの泣き所である。明日は我が身と考え平素より大腿の筋肉（四頭筋・ハムストリング）を鍛えまくること。太腿の筋肉が蒲鉾のように盛り上がるようにしたい。大体後面（ハムス

トリング）の強化も忘れないこと。屈筋・伸筋のバランスが取れていないと肉離れの原因にもなる。残念なことに惑惑（シニア）の皆さんは若くなく、筋肉の強化にも限界がある。残る道はストレッチですぞ。トレーニング30分、ストレッチ30分の時間比を心がけてほしい。メンバーの整形的疾患の原因をみていると2つに大別できる。第1は試合には来るが平素トレーニングしていないグループ。第2はオーバートレーニング（赤にもおられるようです）群である。第1については夜は酒は控えてトレーニングを習慣に、とあえて忠告したい。仕事の疲労があっても軽いトレーニングは毎日続けよう。第2群についてラグビーは全身および五感を駆使してのスポーツであることを強調したい。走るだけでも駄目、リズミカルな音楽も聴き感性を養いたい。リズミカルな動きは外傷の予防につながる。筋力強化の基本に腹筋・背筋の強化があります。この際、これらの筋群と連続している頚筋群の強化が最重要である。脳振盪は頚筋群を強化することでも防止できる。脳振盪は剪断外力（ぐるっと回る外傷）が主体であり、ヘッドキャップで完全には防止できないがこれまで述べた点で弱点を持っている人は使うべきである（因みに私は昨日新しいモデルを購入）。肩当やスパッツも使用しよう。防具をつけるとプレーが荒くなる人があるが惑ラグビーは全員で楽しむのが目的で、不必要に荒いタックルやアフター気味なタックルは怪我のもとである。また我々のように長い間ラグビーをしていると我流になりがちである。仲間の批判・忠告を素直に受け入れ無理のない合理的なプレーをし、家族に迷惑をかけないことが大事である。

５．怪我がないのが戦力のうち
(変更を加えて惑惑新聞よりの転載)

大事な試合の前に、膝をぐねったり腰痛をきたしたりして無念な思いを皆様されてきたことと思う。前回の復習になるが広い視野でゲーム全体を見渡しながらプレーをしよう。電車に乗っても横の美人の顔などに見とれず、車窓より移り行く広告の字を読み、動態視力を養おう。ゲームの流れをよく見極め、聴力、知力を駆使しハイレベルなintelligentラグビーを展開しよう。

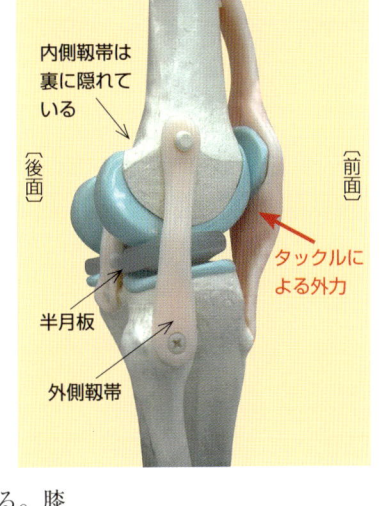

下半身の動きで膝は大切な役割を果たしている。膝の損傷で最も避けたいラグビー外傷は、内側靭帯損傷＋前十字靭帯損傷である。これは右図のごとく斜め前よりタックルにはいられた足が、軸足となっている場合起こります。これを避けるにはいくつかの方法（日ごろの練習が必須）がある。

①腰を低く前傾し（ヒップをおとすのではない）、低い姿勢での走りを基本とすることです。伸びきった膝は、枯れ木のようにもろいのである。少し屈曲することで強靭な関節に変身する。
②タックルを受けた際、変に頑張らず勢いを吸収しながらパスに入ったり、優れたダウンボールを目指すことです。倒れてからのリフティングをマスターすることが、外傷予防につながる。すなわち高度な技術と怪我のないラグビーは同じ概念である。
③シューズのポイントを短くすることにより、膝の外傷を予防することが出来る。18mmのポイントが一般的ですが、短くすること（13mm）により大差がなければ短いポイントを使用し、こまめに交換しましょう。バックスではゴムのポイントで充分優れたプレ

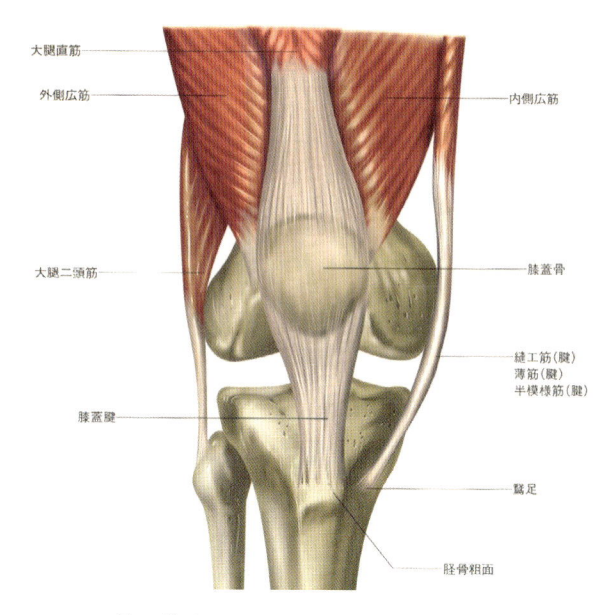

Intelligent RUGBY

ーが可能と筆者は考えている。

④膝・顔面など重大な外傷はモール、ラックで発生することが多い、したがって基本的には空間を創り無用なコンタクトを少なくする意思を全員が持つ必要がある。その実現には、相手より俊敏な反応・優れた脚力が必要である。勿論オプションとしてディフェンス正面をわずかにずらし突破する迫力を隠し持っての話であるが。仕事の後、走りこむことにより膝の支持筋群が強化される利点もある。前交叉靭帯の損傷はタックルなどの外傷でもおこるが着地のミスや急激なステップによりバランスを崩したときなど非コンタクトでおこることが圧倒的に多い。受傷時グニュ、バリッなどの爆発音を感じた時は損傷があるので整形外科医の診断を受けること。初期の固定を含む専門的な治療を受けたい。膝のこのような損傷を防ぐために上の図に示すような筋群（特に大腿四頭筋とハムストリングス）のトレーニングを、負荷をかけて行なうことは黄パンまでラグビーを続けるためには必要である。

一方膝を深く曲げている時は後十字靭帯の損傷をきたすことが多いのは残念である。しかし、これは前十字靭帯ほど強い障害を起こすことは少ない。自損行為による膝の損傷を防ぐためにはランを緩やかなカーブを中心として組み立てることが重要である。鋭角的なスワーブは一見うまそうであるが、相手にタックルポイントを示すことにもなりラグビーとしても膝のためにも感心しない。外傷を避けるために、ぬめぬめとしたつかみ所のないプレーヤーを目指してください。小さな膝の靭帯損傷を放置することが、半月板損傷を引き起こすことがあり、初期の正しい治療が望まれる（テーピングを含む）。整形外科的には膝関節の両隣の関節を強化することが必須です。足関節、股関節のストレッチングは膝の外傷予防に大事であり電車の中や家庭でのくつろぎの時間を当てたい。足関節のしなやかで強い人は膝の外傷を防げることが多いので回転、前後屈を通勤中でも行なっていただきたい。股関節の支持筋群を鍛えることも大事である。友人のトレーナーと相談すること。ラグビー以外でもよいのでトレーナーの意見を聞けるような環境づくりに努力されたい。

写真解説
①私は拾った猫を飼っているが、跳躍しても捻挫することは絶対にありません。反射神経がよく身が軽いこともありますが、着地を見ていると迅速に2本以上の加重足ができる。
②写真のような場合、軸足1本では移動できないのでどのように有利なモール・ラックを形成するかどうかを考える。味方は早く1本足の選手のサイドによって猫のように彼女が3本足になるようにしてモールを作ることが膝を守る基本である。

Intelligent RUGBY

③このハーフは非常に優れたプレーヤーである。小さな体であるが常に動き続けており、ディフェンス・アタックの要となっている。筆者は直接会話はしたことがないがプレーの師匠とみなしている。すなわち怪我の少ない空間を作るラクビーにおいてはコンタクトが少ないので重量は妨げになりうるし小柄であることは空間を作るという点では利点になりうる。

④優れたハンドオフにより突破しようとしているが背後に迫るディフェンスを感じているだろうか。ヘッドキャップをすると聴力は落ちる。前のみを注意するラガーから全方位に気を配れるようになりたい(怪我が背後より忍び寄る)。周囲よりのコーリングも外傷予防に欠かせない。

⑤リフトされている選手の膝にはテーピングがある。女子としてすばらしい跳躍でありリフティングであるがこのプレーも膝への負担があるので着地までの細心なサポートが前後の選手に必要である。

⑥ラグビーのランニングの基本はこの短距離陸上選手のスタートのような膝の位置にある。前傾すること、膝がすばやく屈曲されることで外傷は極めて少なくなる。

6. ハイレベルなラグビーを楽しもう

（変更を加えて惑惑新聞よりの転載）

　ラグビーのプレーは基本が大事である。我々のラグビーライフを支えるためにも健康への基本である生活習慣病や内科的な疾患を予防することが必須である。素晴らしいプレーを支えるためには瞬時にパワーアップできる心臓を維持する必要がある。右のグラフは昨年惑惑クラブの赤・黄・紫パンツの方々（三惑大会に出場した活動部員のみ）にお答えいただいたアンケートの一部である。惑惑の赤以上の方は結構頑張っていると思う。しかし、約15%の方々はプレーを続けることに不安をお持ちのようである。一方で俺はこれからという人も多くおられる（46%）。いつまでもタフなラグビーを楽しむための基礎となる内科的なお話をさせていただきたい。

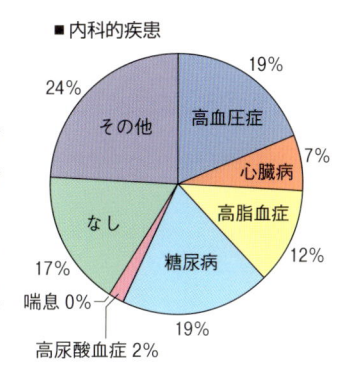

　右のグラフのように、高血圧症の方・高脂血症の方が一般の中・高齢者の方と同様にある。心臓疾患（循環器疾患）の方も7%ある。心臓を養う血管（冠動脈）が狭くなっていると生命の危険があると同時に異様にプレーに粘りが無くなることが多い。このような疾患はまず前段階で予防・押さえ込むことが何より大切である。優れたプレーをエンジョイするために血圧は正常である必要がある（収縮期140、拡張期85以下）。全速で疾走している時の収縮期血圧は200以上ある。もともと160以上の方はわずか40しかアップできないし、過度に上昇する可能性が強い。ランニング中貴方の体内を血液はすさまじいSPEEDで駆け巡って筋肉をサポートしている。動脈硬化や糖尿病（どちらも血管内腔が狭くいびつになる）の方は血管抵抗が高いため筋肉は虚血（わかりやすくいえば酸素切れ）に陥り足がつったりという事態になりやすい。ディフェンスのマークを抜けて30メートルほど走るとガクッと失速する

■何歳までラグビーを続けられるか？
- 80歳以上 46%
- 75から80歳未満 18%
- 70から75歳未満 21%
- 70歳未満 15%

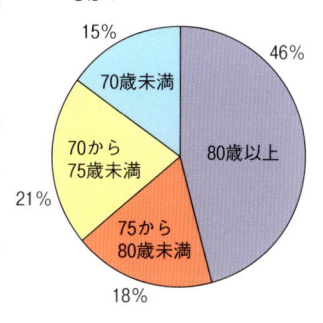

■内科的疾患
- 高血圧症 19%
- 心臓病 7%
- 高脂血症 12%
- 糖尿病 19%
- 高尿酸血症 2%
- 喘息 0%
- なし 17%
- その他 24%

のはこれであるかもしれない。もっとも加齢や肥満によっても同様のことはおこるが。ゴールまで走り込むためには血糖値やコレステロール値をしっかりコントロールすることが重要である。これにより2次的に体重コントロールもできる。高地まで登ることで下肢の筋群が強化されます。平地を長距離走ることより山を登ることの方がはるかに膝への負担が少ないのである。長期間ラグビーを続けるためには膝の耐久性に40代から配慮することが大事である。少し物入りだが六甲にジョギングで上りケーブルやロープーウェイで下りるのが膝に問題が少しでもある方にはベストといえる。他の地域でも同じような山を探していただきたい。私はこれが本当の贅沢であると考え実行している。内科的な疾患を治療した上でトレーニングすることで血管抵抗を減らすことができます。ジョギングもラグビーに必要であるができるだけ河川敷など土、草地を探そう。それからシューズに投資することを勧めたい。レーサータイプの靴は使用禁止である。アップシューズで我慢することが60歳以上で楽しくラグビーライフを送るために肝要である。オフは絶対山に登ってほしい。1000メートル近くの場所でジョギングをすると心肺の持久力がアップし、他の惑惑の友人たちの賞賛を浴びること請け合いである（赤血球の酸素を運ぶ能力がアップ、もっとも効果は長続きしないのですが）。今述べていることは一般的な健康談義ではなく、優れた惑ラグビーを展開するための基礎である。車のエンジンに相当するのが肺と心臓である。（マラソンのような競技での高地トレーニングはより高度が必要である）

　写真⑦の選手たちの心臓と肺はフル回転しているのが伝わってくる。肺に短時間のうちに空気を存分に吸い込む必要があります。このために胸廓（胸の壁）が柔らかく弾性に富んでいなければならない。時間を見つけて胸全体が膨らむのを感じつつ深い吸気を短時間で10回程度練習しよう（特に胸と腹の境目辺りを膨ら

第7章 安全なラグビーとは

ませるように意識する）。苦しくなるまではききって下さい。呼吸筋のストレチをしよう。吸気が不十分であると後半のばてが必ず来る。ワールドカップでもJAPANは後半に大きく点差を広げられることがこれまでよくあった。トップレベルの選手は最近ハーフタイムで足を挙上して寝転び乳酸などの代謝産物の蓄積を軽減している。その基本は優れた筋肉内血流の維持である。タバコを吸っていると気道や気管が細くなり空気が肝心な所へ行き着かない（空気と血液が接触する肺胞領域）。禁煙！　最近は保険診療で禁煙指導が受けられる。私のところではほぼ90％の人が成功しておられる。話が肋骨骨折にそれるが、先日の三惑大会でチームの主力2人に肋骨骨折がおこった。一例はアフタータックルによるものであり、他はラックの中での受傷であり、避けがたいケースではあった。お2人とも1ヶ月以内にゲームに復帰されたことを付け加えておく。

　あえてコメントすると、前傾姿勢が保たれていると胸廓への撃力（P'）は2つの理由で少なくなる。

P'＝Pcosθ-F（P'オフェンダーの受ける外力、Pはディフェンスの撃力、θは前傾角、Fはすべりで逃げる力）

　写真⑧では前傾姿勢が保たれており、θは30度程度あり、攻撃側の受ける撃力P'は弱まっている。写真⑨は前傾姿勢が不十分で、θは10度程度であり、受ける撃力は減衰されていない。撮影のタイミングにより前傾は変わってくるので選手の優劣はなく、両名ともチームを代表する優れたプレーヤーである。

Intelligent RUGBY

写真⑩は女子プレーヤーのカットインのスライドであるが、ディフェンスを十分左へひきつけてよいタイミングで入ろうとしている。このためには、左膝（K）を軸とする粘りが必要である。それを支えるのが大腿筋群（F）である。さらに、大腿筋群をささえているのが腹筋・腰背筋（A）である。この粘りがないとディフェンスにカットインを阻止されることになる。そしてこれらのバランスの取れた筋群の活動をサポートしているのが鍛えられた心肺能力である。ゲームにおいて、我々は運動器の動きに目を奪われるが、実は心肺能力が基礎にあることを認識したい。

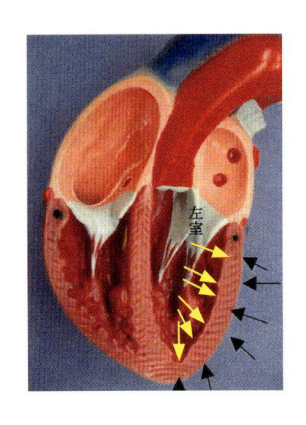

19世紀野生動物の心臓は家畜より大きく優れていることが報告された（Rostの研究）。人においても下の表のように心臓へのトレーニング効果は抜群である。心臓の拍出量は収縮力＋拡張力で決まる。拡張力とは血液を充分吸い込むために心筋が伸びる力を言う。心臓の収縮力は黒矢印で、拡張能は黄矢印で示している。

健全な心臓の拡張力は腹腔内脂肪を落とすことで若干増強できる。収縮力は血圧を下げ、トレーニングで心拍数を落とすことで増強できる。

ウェイトトレーニングは収縮力を、ランニングは拡張力を向上させる。バランスよくトレーニングに励み、

■心臓の１回拍出量（ml）

	安静時	最大運動時
一般人	55〜75	80〜110
トレーニング群	80〜90	130〜150
高密度トレーニング群	100〜120	160〜220

王子動物園の豹ではなく密林を駆け巡っている豹の強い心臓を目指したい。トレーニングの際に今自分はどこを鍛えているかという認識を常に持っていただきたい。腹筋などの場合は目的意識を容易に持てるが、心肺についても意識を集中しよう。人間の各々のパーツは俺は今注目されているなと感じたら瞬時に活動を開始するからである。

糖尿病は筋肉内の血管を細くする。空腹時の血糖より食後60分から120分の血糖値を140mg/dl以下に維持しよう。過去30日間の血糖のコントロールの良し悪しはグリコA1cという値で判断する（6.2mg/dl以下）。同様のことはコレステロール値のコントロールについても重要である。220mg/dl以下にしよう。トリグリセライドも空腹時170mg/dl以下にしたい。筆者のホームページにラグビー選手のための目標とする基礎的な血液データ値を載せている。白・紺・赤・黄別にしているので、参照されたい。もちろん、ベストラグビーを楽しむためにはその値をクリアーしていただくことが必須である。スムーズで燃費よく走るためには車のエンジンは基本的な回転数は落としておく必要がある。心臓の脈拍も1分間60前後に落としておかないと充分な活動ができない。心拍数が75以上の人は内科的疾患（甲状腺疾患や心臓弁膜症など）がないことを確認した上で毎日の有酸素運動（ジョギング・ウォーキング・水泳）を開始しよう。ラグビーのフィットネスを高めることと健康な生活を送ることはほぼ似た世界にあるようである。私は14年目の車にいま尚乗っているが、先日タイヤを完全に替えたところ見違えるような走りをするようになった。ラガーの場合は足の血流を改善することでタイヤ交換の効果が期待できる。最も、この車は真冬に名神高速道路を走行中、窓ガラスが上がらないというとんでもない急病を起こし、家族は凍死寸前になり、私は非難の集中砲火を浴びた。し

かしわずかの費用で元に復帰してくれた。皆さんの体は私の車より4倍は年上である。したがって小さなトラブルは起るのが当然である。信頼のおけるかかりつけ医を持っていただきたい。この選択基準はわからないことはわからないときっぱり言って的確な専門医を紹介できる医師である。そして日ごろの臨床に情熱を持ってあたっている姿勢が伝わってくる医者である。私の弁護ではなく年齢は関係ない。皆さんも歳をとっても現役のラガーであるからこれは分かっていただけるであろう。

　以上述べてきた話を総合するような最近のトピックスに"メタボリック シンドローム"という概念がポピュラーになってきた。男性でウエストが85cm以上でなおかつ高血圧症、糖尿病や高脂血症などを合併している方は高率に心臓や脳血管の病気にかかるというものである。このような生活習慣病は個人の努力のみでは解決できないこと（遺伝的な流れ）も多いので適切な薬剤を医師に処方してもらうことも必要である。食事療法と運動が基本であることは論を待たない。身体の内部を整えて素晴らしい ラグビーを展開してほしい！

第8章
ラグビーがグローバルな
スポーツに発展するために

Intelligent RUGBY

1．日本および東洋のラグビーへの提案

　ラグビー・オールジャパンは今回のワールドカップでも健闘しフランスで賞賛の声が鳴り止まなかった。優れたラグビー、気魄に対する賞賛であった。しかし記録だけを見ると前回のワールドカップではアメリカに敗れ、イングランドにも敗れた。今回のワールドカップでカナダとの１引き分けのゲーム以外はフィジーとの接戦はあるが、敗れている。はたして日本のラグビーは勝敗にこだわった場合世界に通用しないレベルなのであろうか。筆者にそうは思えないのである。シャープな動きと華麗なバックスの連続攻撃、確実なタックルそしてクリアーな試合態度等、全日本は極めて魅力的な集団であることは世界からも認識されている。なにより彼らは12年前花園で世界の少年たちに感銘を与えた中学生たちやその先輩たちが成長した集団である。問題は25歳前後より顕著になる民族間の圧倒的な体重差と身長差にもあるように感じられる。東洋人が体重差20kgを超すようなヨーロッパや南半球のプレーヤーを相手にする場合ラグビーの本質と若干異なる戦略をまず考えねばならない。小よく大を制すは柔道の本質であると思うが、体重制を採用してからの人気は国内外で高い。谷亮子選手の例を引くまでもなく軽量級の勝者が無差別級の勝者より軽んじられることはまったくない。柔道やレスリングに較べラグビーのクラス分けは明快で重量級と軽量級の２グループに分けることでよいと考えている。軽量級の試合は目を見張るようなめまぐるしい展開になるはずであり、選手たちも俊敏さをアピールするであろう。当然どのチームも徹底的にコンタクトを避けたスペースラグビーを展開するはずである。World　Cupとは別にWorld Game（仮称：under80kg）を是非開催していただき

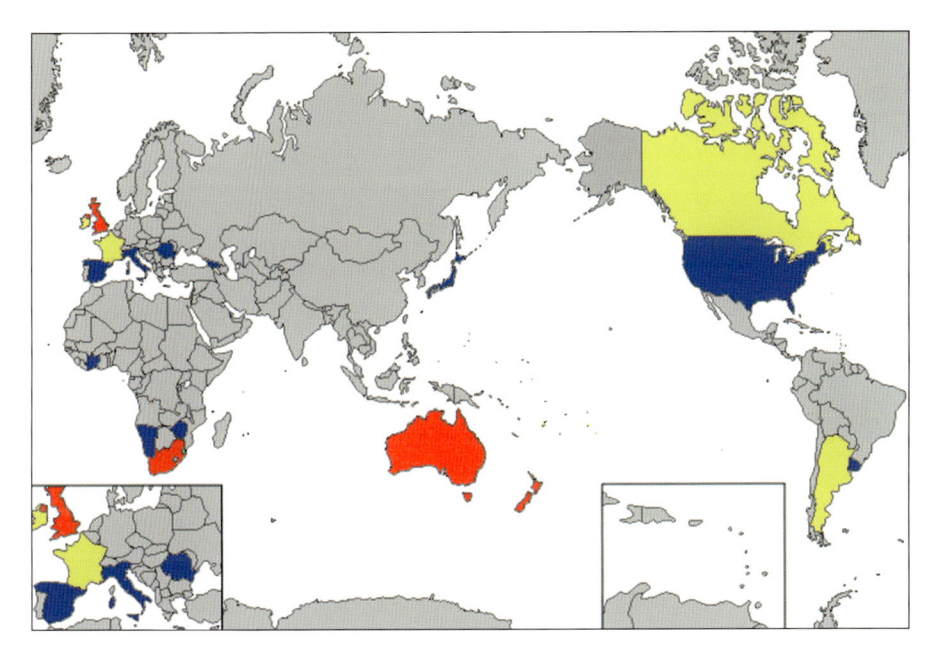

第8章　ラグビーがグローバルな
スポーツに発展するために

たい。日本、韓国は優勝候補の一角を占めることができると思われる。体重がないことが理由の1つでオールジャパンにもれている選手が続々ひのき舞台に出るのを見て小柄な少年らが奮い立ちラグビーを始めると期待される。

　ヨーロッパでも軽量の選手が台頭するであろう。そして軽量級においてもジャパンより強い可能性が尚高い。

　先日日韓定期戦が行なわれたが日本の勝利に終わった。かつては日韓戦を韓国が征したこともあった。アジアの諸国が体力差の厳然として存在するラグビーに興味を失いつつあるように危惧される。あるスポーツが優れた競技である条件の1つに世界中の人々が平等に楽しめ、勝者が賞賛を受けると同時に、敗者が明日を期すことができるシステムが必要である。図はワールドカップに出場した国である。ブルーは予選敗退、黄は決勝トーナメント出場国、そして赤は優勝国である。アジアからは日本1国しか出場していない事実へ

115

の分析は必要のように感じられる。ラグビーが世界に広まることで本質がスポイルされることは厳に避ける必要があるが体重別制度を導入するにあたりルール変更は必要ないと考えられる。ヨーロッパでも体格が目立って小さいために代表に選ばれない多くの優れたラガーがいるのでグローバルに考えても魅力あふれるゲームが展開されるはずである。東洋人の最も運動能力の高いグループは65kgから75kgあたりにあるよう考えられる。このレベルでの柔道が際立って強いことでも説明できる。各々の民族が適した体格レベルで競技を平等に楽しむことはラグビーのグローバル化を促進すると思われる。この世界大会を日本が小型自動車メーカー等の協賛でしっかり開催運営することで国内のラグビー人口が増え、本来のワールドカップでも壁を乗り越えこれまでとは異なる賞賛と尊敬を世界の人々から受ける日が必ず訪れると確信する。ラグビー人口を増やすことが強さに連なると考える。私は愛するラグビーがより広く世界中の人々から愛され楽しんでいただける日が来ることを願っている。惑ラグビーにおいても体重制が望ましい場合があるが、競技人口を増やすことが必須であろう。惑惑RFCとカナダの人々との親交を作ってくれたのは勝敗にこだわらないラグビーであったこと想いおこすのである。

２．幼稚園児から高齢者までできるラグビーの謎

　ラグビーはとても危険なスポーツであると一般には思われている。この危険性の高いということでラグビーの人口も激減している。ラグビースクールから高校生にかけてラグビー人口が減っているのは歴然としている。はたしてラグビーは危険なスポーツなのであろうか？　筆者にはそう思えないのである。メジャーな

サッカーや野球でも怪我と紙一重なところでプレーをしている。

　これらのプロ選手が怪我により戦線離脱していることも新聞、雑誌でしばしば見かける。ラグビーの選手も怪我をするがサッカーや野球選手に比べて怪我をして離脱している選手は少ないようである。チーム競技の中で一番人数の多い（30名）上に危険なスポーツと思われているラグビー選手の怪我がなぜ少ないのか？

　高齢になって野球やサッカーを続けている選手は少ないのにラグビー選手はなぜ楽しめるのか？　ラグビーはチームメイトがもっともお互いを助け合えるスポーツなのである。One for all、All for oneということわざがよくラグビーの性格を表している。アメリカンフットボールのように強固なプロテクターを着用しないため選手同士に阿吽の危機回避のたしなみがあるように思われる。

　より安全なラグビーを楽しむ為にはルールのサポートも必要である。例えば、ラグビーで危険なプレーの代表的なものにハイタックル（肩より上のタックル）およびレイトタックル（ボールをすでに離した選手へのタックル）がある。これらは故意の場合は極めて少なくディフェンスのプレーヤーの状況変化に対応できない技術の低さが原因である。ゲームでこのようなペナルティを犯した選手にはその後の練習で再発を防止するための判断力の向上を科学的にトレーニングする必要がある。クラブの名誉がかかっているのである。ミスを過度に恐れる心理状況にも光を当てて矯正することも重要である。真面目にプレーをしていて抜かれても恥じることはまったくないのである。

　しかし悪意のあるプレーに対してはプレーヤーの安全を守る意味からもシンビン（時間を区切っての退場処分）ではなく、退場を求める厳しさが必要である。この場合、選手交代は認め、安全のため同じ人数でのゲームを続行する。シニアプレーにおいては原則的

にはシンビンの概念ではなく、あくまで親善であることをプレーヤー全員が肝に銘じるべきである。勿論現在シニアラグビーがとても盛んなのはこの基本が守られているからであるが。たとえば惑惑クラブにおいて歴史のある親善試合では時として100名を超すプレーヤーが集合し、赤、青、白3試合を全員で楽しむため、出場時間を10分ぐらいに分け合うことが往々にしてある。悪意の無い場合でもその危険度が高い場合はペナルティを課し、同様なプレーの再発を徹底的に防止すべきと考える。シニアラグビーにおいては安全が何より大事である。危険度の高い反則は絶対にあってはならない。そうならない為にオフェンスプレーヤーもディフェンスプレーヤーも接点に近いプレーを行う時には細心の注意をはらうことが大切である。レイタックルに対してキック後のプレーヤーは耐えようとせずタックルをしなやかに吸収して外傷を防止する必要がある。ハイタックルを受けないようにオフェンスプレーヤーは低い姿勢でコンタクトをとるように心がけること。そしてハイタックルにならないようにディフェンスプレーヤーはボールを殺すようなタックルに入る場合、腰をめがけて入れば確実に胸近くに入ることができる。求める空間は実像とは異なることに気づいて安全なラグビーを行いたい。高齢になると、反射神経の衰えから惰性でレイタックルに入ってしまうことがある。クールな理性的なプレーを心がけ、瞬時に自分の行動をチェックできるようにしたい。このようにお互いのプレーヤーが心がけると危険度の高い反則は減少する。年齢を重ねても普段からこれらのようなことを意識して練習している背景が高齢者になってもラグビーが続けていける理由であろう。

おわりに

　さあ、この本を置いてグランドに出よう。近くの公園に出てみよう。筆者たちはこれまでの怪我のない安全で知的なラグビーを求めていくが、読者にもより安全なラグビーを楽しんでいただきたい。日本ラグビー協会の機関紙やラグビーマガジンをはじめとする多くのラグビー出版物を、この本で強調した安全なラグビーという考えで見直して頂きたい。それらが意図している内容が浮かび上がってくると思う。ラグビーを観戦するファンの皆様もこの内容を知った後ゲームを楽しんでいただくと、小さな見逃してしまいそうな多くの安全への配慮が、厳しい試合にも随所になされていることに気づかれると思う。またラグビーボールだけを追いかけてゲームを見るのではなく、少し視点を広くしてゲームを見てほしい。プレーが止まった時の、オフェンスとディフェンスの選手のめまぐるしく変わる陣形を楽しんでほしい。プレーの中で次にラグビーボールが運ばれると予測される選手などの動きを見ると、細やかな選手同士、チーム同士の駆け引きを見ることができる。この本を通じて、今までとは違ったラグビー観戦が楽しめることだろう。安全でインテリジェントなラグビーは、日本国内は勿論のこと、世界中に友人の輪を広げてくれる。

　本書作成のため写真撮影に大阪経済大学ラグビー部のグランド使用につきご協力頂いたことを感謝するとともに同部の一層のご活躍を願う。内容につき惑惑クラブ会員諸兄をはじめ多くの方々にご助言を頂いたことを感謝する。

　本書の作成につき稲葉祐香氏に多大なる協力を頂いたこと、そして東方出版の今東成人氏をはじめとするスタッフの皆様のご協力にも心よりお礼を申し上げる。

長岡法人（ながおか のりと）
県立津山工業高校、専修大学、本田技術研鈴鹿ラグビー部、元ラグビーリーグ日本代表、元ラグビーユニオン日本代表、桜とシダの会会員、惑惑クラブキャプテン。日本ラグビーユニオン、日本リーグラグビーの両代表に最初に選ばれた。

井崎晃男（いざき あきお）
東海大学附属仰星高等学校、大阪商業大学ラグビー部。ニュージーランド Ponsonby Rugby Football Team に2年間所属。NZラグビーユニオン コーチングレベル1取得。惑惑クラブ準会員。

土屋和之（ひじや かずゆき）
灘高校、京都大学医学部、惑惑クラブにて50年間プレー。日本体育協会認定スポーツドクター、関西ラグビーフットボールクラブ医務［学術部会］委員、日本消化器病学会専門医。

Intelligent RUGBY（インテリジェント・ラグビー）

2008年5月12日　初版第1刷発行

著　者……………………………………… 長 岡 法 人
　　　　　　　　　　　　　　　　　　　井 崎 晃 男
　　　　　　　　　　　　　　　　　　　土 屋 和 之
発行者……………………………………… 今 東 成 人
発行所……………………………………… 東方出版㈱
〒543-0052 大阪市天王寺区大道1-8-15　Tel.06 6779-9571　Fax.06-6779-9573
印刷所……………………………………… 亜細亜印刷㈱

©2008　Printed in Japan　ISBN978-4-86249-112-1 C0075

本書の全部または一部を無断で複写・複製することを禁じます。
落丁・乱丁のときはお取り替えいたします。